원격 교육이 막막한 선생님을 위한

온라인 수업
완벽 가이드

원격 교육이 막막한 선생님을 위한 **온라인 수업 완벽 가이드**

ⓒ 2021. 최재학, 조주한, 최경일 All Rights Reserved.

1쇄 발행 2021년 2월 26일
2쇄 발행 2021년 8월 3일

지은이 최재학, 조주한, 최경일
펴낸이 장성두
펴낸곳 주식회사 제이펍

출판신고 2009년 11월 10일 제406-2009-000087호
주소 경기도 파주시 회동길 159 3층 3-B호 / **전화** 070-8201-9010 / **팩스** 02-6280-0405
홈페이지 www.jpub.kr / **원고투고** submit@jpub.kr / **독자문의** help@jpub.kr / **교재문의** textbook@jpub.kr

편집부 김정준, 이민숙, 최병찬, 이주원 / **소통기획부** 송찬수, 강민철 / **소통지원부** 민지환, 김유미, 김수연
기획 및 교정·교열 강민철 / **본문 및 표지 디자인** 블랙페퍼디자인
용지 타라유통 / **인쇄** 한길프린테크 / **제본** 장항피엔비

ISBN 979-11-90665-79-7 (13000)
값 20,000원

제이펍은 독자 여러분의 아이디어와 원고 투고를 기다리고 있습니다. 책으로 펴내고자 하는 아이디어나 원고가 있는
분께서는 책의 간단한 개요와 차례, 구성과 저(역)자 약력 등을 메일(submit@jpub.kr)로 보내 주세요.

원격 교육이 막막한 선생님을 위한

온라인 수업 완벽 가이드

최재학, 조주한, 최경일 지음

우리 반 수업에 딱 맞는
온라인 수업 도구를 찾아보세요!

Jpub
제이펍

온라인 수업을 위한 '위기 대응 매뉴얼'이자
선배들의 '깨알 같은 조언'

유례없는 팬데믹 상황은 인류에게 큰 도전이 되고 있습니다. 교실 수업에서도 예외 없이 큰 변화가 요구되었고, 너무도 갑작스러운 사건이라 현장의 선생님들은 지난 1년간 많은 어려움을 겪었습니다. 교육 당국도 나름의 노력을 기울여 왔으나 이 역시 처음 겪는 일이라 현실과의 괴리는 클 수밖에 없었던 것 같습니다. 이런 상황에서는 클래스카드 같은 유용한 에듀테크 소프트웨어 서비스 역시 현장에서 발생하는 다양한 상황과 과제를 해결하기에는 한계가 있기 마련입니다. 결국 교육적 지식과 의미를 학생들에게 전달하는 일은 온전히 우리 선생님들의 몫이었습니다. 다행히 우리에게는 일찍부터 온라인 교육의 필요성을 고민하고 현장에 적용해 오신 선생님들이 계셨습니다. 그리고 이분들이 코로나 이전부터 경험한 것들을 묶어 내어 책을 출간하신다는 소식을 듣고 안도감이 들었습니다.

사회가 예상치 못한 재난 상황을 이겨내기 위해서는 '위기 대응 매뉴얼'이 필요하다고 합니다. 하지만 이미 출간된 온라인 교육에 대해 나열식으로 구성된 매뉴얼류의 교재들은 한계가 있습니다. 예컨대 매뉴얼 책을 보면 웹캠이 필요하다고 하는데 어떤 웹캠이 많이 쓰이는지 설명하지 않습니다. 조명을 설치하라는데 어떤 각도로 조명을 설치해야 하는지 알려주지도 않지요. 그리고 온라인 수업 전후로 학생 동기부여는 어떻게 해야 하는지와 같은 경험이 녹아 있는 매뉴얼도 찾기 어렵습니다. 이 책은 코로나 시대 온라인 수업을 위한 '위기 대응 매뉴얼'이자 선배들의 '깨알 같은 조언'과 같은 책입니다. 코로나 이후의 변화된 수업환경에서도 온라인 수업에 익숙지 않은 선생님들께 꼭 필요한 길잡이가 될 것으로 기대합니다.

클래스카드 **전성훈** 부대표

팬데믹을 온몸으로 겪으면서
기록해 둔 저자들의 수업 노하우

코로나19 팬데믹으로 우리나라 교육은 역사상 처음으로 개학 연기와 온라인 교육을 했습니다. 선택의 여지 없이 실시된 비대면 수업은 제도권 교육과 학교 교육의 본질을 다시 돌아보는 계기가 되었습니다. 한편 국제기구를 중심으로 각국의 장관들은 감염병 위기에 대응하기 위한 국가별 교육 현황을 공유하고 있고, 매년 초 개최되던 글로벌 에듀테크 콘퍼런스들도 기술 중심의 연찬에서 교육 현장의 위기 대응 사례 공유를 중심으로 운영되고 있습니다. 특히 지난 2021년 1월 20일부터 22일까지 개최된 세계 최대 글로벌 교육기술 박람회인 베트 쇼[Bett Show]에서는 교육의 디지털 전환을 위한 리더십[Leadership], 디지털 포용[Digital Inclusion], 미래 회복탄력성[Resilient Futures]을 강조했습니다.

이러한 시점에 출간되는 『온라인 수업 완벽 가이드』는 코로나19 팬데믹을 온몸으로 겪으면서 기록해 둔 저자들의 수업 노하우를 풀어낸 보석 같은 책입니다. '원격 수업에 참여하는 아이들에게 필요한 예절은 어떻게 가르쳐야 할까? 학생의 주의 집중을 위한 디지털 도구로는 무엇이 있을까? 학부모와 어떻게 협력해야 하나?' 이처럼 수많은 고민을 안고 있는 교사에게 필요한 꿀팁이 가득합니다. 특히 학교 현장에서 활용 가능한 도구들을 학급관리, 수업관리, 화상수업, 협업문서, 평가/피드백, 기타 도구로 구분해서 설명하고, 활용 방법을 교사 입장에서 실제 사례를 중심으로 친절하게 설명하고 있습니다.

교사뿐만 아니라 에듀테크 서비스를 만드는 기업도 이 책을 통해 진정 교육현장에서 원하는 제품은 무엇인지, 어떻게 활용하는지 이해할 수 있습니다. 『온라인 수업 완벽 가이드』가 많은 분들에게 공유되고 지속적으로 업데이트되어 선생님들이 이 위기를 슬기롭게 잘 이겨내고 대한민국의 교육의 디지털 전환을 성공적으로 이루어 내는 좋은 거름이 되길 기대합니다.

We Spark Learning, 러닝스파크 **정훈** 대표

온라인 수업을 준비하는
선생님들을 위한 '길앞잡이'

따뜻한 봄날에 산길을 걷다 보면 앞에서 길을 앞서가는 곤충 '길앞잡이'를 만날 수 있습니다. 닿을 듯이 다가가면 저만치 달아나고, 또 다가오기를 기다려 주는 모습이 마치 길을 안내하는 동반자 느낌입니다. 이 책을 읽다 보면 그런 길앞잡이의 모습이 떠오릅니다.

아직 익숙하지 못한 온라인 수업 때문에 소통 방식을 고민하시는 선생님들이 많습니다. 이 책은 이런 분들에게 한발 앞서 경험한 내용을 정리하여 온라인 수업으로의 여정을 좀 더 쉽게 시작하실 수 있도록 기다려 줍니다. 한편 더욱 효과적이고 알찬 상호작용 방법을 고민하시는 선생님들도 많지요. 이 책은 이런 분들에게 적절한 에듀테크 툴과 그 활용 방법에 대한 최신 정보를 정리하여 또 저만치 길을 앞서 안내해 주고 있습니다.

팬데믹으로 인해 학교 현장의 비대면 교육에 대한 고민이 한 걸음 더 빨라지게 되었습니다. 이 책이 팬데믹 이후의 미래 교육에 대한 알찬 고민의 성과 중 하나로 느껴지길 기대합니다. 또한 비대면 수업과 실시간 수업, 쌍방향 소통 수업을 고민하시는 모든 선생님께 온라인 수업의 동반자 및 길앞잡이로서 이정표를 친절히 제시하고 있는 이 책을 추천해 드립니다.

퀴즈앤 서비스총괄, **정신운** 이사(with 곤충 컨설턴트)

차례

2020년 초반, 코로나19가 발발했을 때만 해도 전염병은 그저 남의 나라의 일인 줄 알았습니다. 한국에도 코로나19가 들어와 조금씩 퍼졌지만 그래도 학교 현장에서는 금방 나아지리라고 생각하며 별다른 문제의식을 가지지 않았습니다. 이전에도 메르스, 사스, 신종플루 등의 전염병이 있었지만, 잠시 휴교했을 뿐 학사 운영에 큰 변화는 없었기 때문입니다. 그러나 전염병 상황이 악화되어 3월 첫째 주 개학이 연기되었고, 도대체 언제쯤 학생들이 등교할 수 있을지, 학사는 어떻게 운영될지 걱정이 되기 시작했습니다.

4월이 되자 더 이상 개학을 미룰 수 없다는 판단하에 학교는 온라인 원격 수업을 시작하게 되었습니다. 그 누구도 이런 경험이 없었기 때문에 학교 현장은 혼란스러웠고, 교육청, 학교, 교사 모두 이 상황을 받아들일 마음의 준비와 시스템이 미비한 상황이었습니다. 학교 안에서도 선생님 간에 의견이 분분했으며, 특히 디지털 도구에 거부감이 있는 선생님들은 더욱 불안해했습니다.

처음에는 어떤 플랫폼을 사용할지, 어느 정도로 온라인 수업을 준비해야 할지에 대해 학교 구성원들의 연구와 끊임없는 회의가 있었고, 이 과정은 너무나도 힘들었습니다. 어느 방향으로 가야 할지, 어떻게 하면 더 원활하고 효율적으로 온라인 학습 환경을 만들 수 있는지도 몰랐습니다. 전국 대부분의 초등학교가 e학습터를 사용하자 초반에는 접속 자체가 불량했으며, EBS나 클래스팅 등도 마찬가지로 불안했습니다. 선생님들은 처음 해 보는 온라인 콘텐츠 제작에도 어려움을 겪었고, 선생님도 모르는 기능과 시스템 오류에 대한 문의 전화를 처리하느라 학교가 '콜센터'가 돼 버렸다는 푸념도 나왔습니다.

이렇게 온라인 학습으로 1학기를 모두 마쳤습니다. 그동안 많은 선생님들의 노력과 연구 결과가 학교와 교사 커뮤니티 안에서 공유되었고, 서로의 연구 자료를 통해 배우고 성장할 수 있었습니다. 이제 학습용 콘텐츠 제작은 일상이 되었고, 선생님들은 이에 잘 적응하는 듯했습니다. 하지만 이제는 새로운 도전에 직면하게 되었습니다. 바로 '실시간 화상 수업'입니다.

교육부가 제시한 온라인 개학을 통한 학습 방법에는 크게 3가지 유형이 있습니다. '콘텐츠 제시형 수업', '과제 제시형 수업', '실시간 쌍방향 수업'입니다. 각 수업 방식에는 장단점이 있습니다. 과목의 특성에 따라, 주제와 제재의 내용에 따라 어떤 내용은 콘텐츠 제시형 수업이, 어떤 내용은 실시간 화상 수업이 적절할 수 있습니다. 1학기에는 콘텐츠 제시형 수업이 주를 이루었다면, 2학기부터는 실시간 화상 수업의 비중을 높여 줄 것을 교육부와 교육청, 그리고 사회가 기대하고 있습니다.

실시간 화상 수업은 말 그대로 '실시간'으로 진행되기 때문에 다른 수업과 달리 수업 중 즉각적으로 대응해야 할 부분들이 있습니다. 또한 화상 수업에서도 대면 수업과 비슷한 효과를 낼 수 있도록 도와주는 도구들이 많습니다. 정보가 없는 것이 문제가 아니라, 너무 많은 정보가 인터넷에 산재해 있기에 어디서부터, 어떻게, 무엇을 알아야 할지 고민이 됩니다.

이 책은 실시간 화상 수업을 하는 모든 선생님들에게 실질적인 도움을 드리고자 시작하게 되었습니다. 1장 '화상 수업 준비'는 화상 수업에 필요한 하드웨어, 그리고 학교 현장에서 가장 많이 사용되는 줌Zoom의 기본 설정에 대해 설명합니다. 2장 '본격적인 온라인 수업 시작'은 줌에서 사용할 수 있는 모든 기능과 사용 과정을 상세하게 담았습니다. 3장 '학생과 학부모를 위한 온라인 수업 안내'는 학생과 학부모님께 화상 수업에 임하는 태도와 학부모 안내 자료가 있으며, 4장 '효율적인 온라인 수업 진행을 위한 교육 플랫폼'은 효율적인 온라인 수업을 위한 여러 가지 에듀테크 도구들을 소개했습니다. 5장 '선생님들이 자주 겪는 문제 Q&A'는 화상 수업에서 선생님들이 공통적으로 어려움을 느끼는 부분에 대한 팁을 모았으며, 마지막 6장 '화상 수업 활동 사례'에서는 선생님들이 유용하게 실제 수업에서 활용할 수 있도록 과목별(국어, 수학 등) 화상 수업 사례, 동기유발 방법을 담았습니다.

디지털 도구에 익숙하지 않은 선생님들에게는 이 책만 보고도 실시간 화상 수업을 두렵지 않게 시작할 수 있도록, 상대적으로 능숙한 선생님들에게는 줌의 세부 기능과 더불어 함께 활용할 수 있는 다양한 툴들도 함께 담았습니다.

'빨리 가려면 혼자 가고, 멀리 가려면 함께 가라'라는 말이 있습니다. 코로나19로 인해 갑자기 다가온 온라인 학습 환경에 많은 선생님들이 초창기에 많은 혼란을 겪었습니다. 그 혼란 속에서도 많은 선생님들이 온라인 연수, 여러 교사 커뮤니티와 SNS 등을 통해 많은 지혜를 나누어 주신 덕에 여기까지 올 수 있었다고 생각합니다. 이 책도 많은 선후배 선생님들의 노하우를 참고하여 쓰게 되었습니다. 부족하지만 이 책이 선생님들의 온라인 화상 수업에 조금의 도움이 되길 바랍니다.

2021년 2월 **저자 일동**

1장

화상 수업
준비

실시간 화상 수업이라니, 너무 부담되어요.
학생들이 집중은 할지, 제때에 들어올지,
학부모에게 매번 공개 수업하는 것 같은데
잘할 수 있을까요?

화상 수업, 처음에는 너무 두렵죠.
저도 마찬가지였어요. 하지만 막상 해 보면
그렇게 어려운 것만은 아니랍니다. 이전에는
하지 못했던 새로운 시도를 해 볼 수도 있고,
학생들의 개별 지도에도 도움을 줄 수 있답니다.

화상 수업을 처음 접하는 선생님이라면 누구나 부담을 느낄 수밖에 없습니다. 선생님들이 그동안 배워 왔던 환경과 다르고, 선생님으로 학생들을 가르치는 방법으로도 화상 수업은 처음이니까요. 이 책의 1장과 2장만 순서대로 따라 하면, 화상 수업을 시작하는 데 큰 어려움이 없도록 책을 구성했습니다. 지금부터 믿고 따라와 주세요.

1장에서는 실시간 화상 수업에서 필요한 장비를 살펴봅니다. 그리고 화상 수업 플랫폼인 줌의 가입 방법과 기본적인 인터페이스를 익히고, 줌의 여러 설정 중 선생님들이 가장 유용하게 사용할 수 있도록 추천 설정을 안내해 드립니다.

실시간 화상 수업에 필요한 장비 확인하기

화상 수업을 하기 위해서는 기본적으로 갖추어야 할 도구들이 있습니다. 화상 회의를 할 수 있는 컴퓨터, 서로 얼굴을 볼 수 있는 웹캠, 목소리를 공유하는 마이크, 마지막으로 화상 회의 프로그램이 있습니다. 성능이 좋을수록 가격대는 올라가며, 주어진 예산 내에서 가능한 좋은 제품을 준비하는 것이 좋습니다.

📖 노트북, 데스크탑, 크롬북, 태블릿, 스마트폰

화상 회의 프로그램은 대부분의 전자기기에서 접속 가능합니다. 교사가 아닌 학습자라면 어떤 기기를 사용해도 문제가 되지 않지만, 교사의 경우 화상 회의 프로그램을 활용하여 수업을 진행하려면 PC를 준비하는 것이 좋습니다. PC나 노트북은 되도록 화면이 큰 것이 좋으며, 키보드, 마우스 이외에 추가적인 모니터(듀얼 모니터)나 판서를 위한 펜도 준비하면 좋습니다.

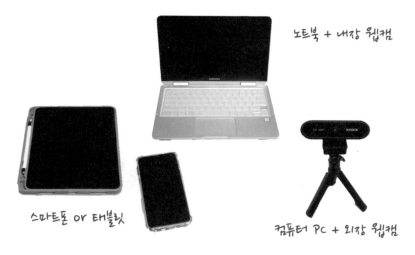

노트북 + 내장 웹캠

스마트폰 or 태블릿

컴퓨터 PC + 외장 웹캠

실시간 화상 수업 준비물

줌 가상 배경 및 필터 기능을 원하게 사용하기 위해서는 다음과 같은 최소 사양이 필요합니다(2021년 1월 현재).

실시간 화상 수업 데스크톱, 노트북, 크롬북, 태블릿, 스마트폰 추천 기종

구분	기종	사양
윈도우 PC, 노트북	2015년 이후 생산된 제품	인텔 CPU 4세대 i7 6세대 AMD CPU 라이젠5 이상 외장 그래픽 카드
맥	맥북 프로 2015 이상	
	아이맥 2015 이상	
	맥미니 2015 이상	
iOS	아이폰 8 8+ X 이상 아이패드 5세대 이상 아이패드 프로 추천	줌, 아이폰, 아이패드 특화 기능 없음
안드로이드 (삼성, LG)	삼성 갤럭시 S9 이상	CPU 8(옥타코어) RAM 3GB 이상 Android 8.0
	삼성 갤럭시탭 S5 이상	
	LG V50 이상	

📖 웹캠

웹캠은 컴퓨터에 부착하는 카메라입니다. 요즘 출시되는 대부분의 노트북에는 내장형 웹캠이 있어 별도의 웹캠이 없어도 됩니다. 하지만 데스크톱 PC로 수업 환경을 구성하는 경우 웹캠을 구매하여 준비해야 합니다. 최신형 노트북은 좋은 웹캠을 탑재하고 있으나, 구형 노트북은 해상도와 영상 프레임 수가 낮아 화면이 선명하지 않을 수 있습니다.

웹캠은 화상 수업에서 교사의 모습과 소리를 전달하는 역할을 수행합니다. 믿을만한 제품으로 사용해야 선명한 영상과 깨끗한 소리를 전달할 수 있습니다. 웹캠에서 눈여겨볼 기능은 최대 해상도(HD, FHD, 2K, 4K)와 초당 영상 프레임(fps), 내장 마이크 성능이 있으며, 여러 명이 하나의 비디오에 등장해야 할 경우에는 화각도 중요합니다.

최대 해상도란 웹캠이 촬영할 수 있는 사진 크기를 말합니다. 보통 1920×1080(Full HD) 영상 정도가 좋습니다. 동영상이란 사진이 연속되면서 움직이는 것처럼 보이는 영상이며, 동영상을 구성하는 영상 프레임은 30fps(1초에 30장을 촬영)이 대부분입니다. 내장 마이크는 일반적으로 1개이며 비싼 제품은 2개의 마이크(스테레오)를 함께 쓰기도 합니다. 화각은 웹캠이 촬영하는 각도를 말합니다. 제품에서 특별히 화각을 제시하지 않으면 60도 정도입니다. 많은 사람이 참여하는 웹캠의 화각은 75-90도까지 넓어지기도 하며, 가격이 좀 올라갑니다. 화각 60도 정도에 Full HD 해상도면

📖 Tip 실물화상기

최근 출시되고 있는 웹캠은 '실물화상기' 기능을 겸해서 사용할 수 있는 제품도 있습니다. 실물화상기 기능이 있는 웹캠은 전용 스탠드를 함께 판매해 책상 위나 칠판 등 다양한 화면을 구성하는 데 도움이 됩니다.

수업 진행에 적당합니다. 해상도, 영상 프레임, 내장 마이크, 화각이 비슷한 성능의 제품이라면 최신 출시 제품과 최저 가격으로 선택하는 것이 좋습니다.

실시간 화상 수업용 추천 웹캠

제조사 모델	해상도	영상프레임수	화각	출시년도	추가기능	가격
로지텍 C270	1280×720(90만)	30fps	60도	2010	클립형 스냅샷	약 5만 원
로지텍 C310	1280×720(100만)	30fps	60도	2010	클립형 스냅샷 저소음	약 8만 원
로지텍 C525	1280×720(100만)	30fps	69도	2011	스냅샷 360도 회전 얼굴 인식 저소음	약 6-11만 원
로지텍 C920 Pro	1920×1080 FHD	30fps	78도	2018	스탠드 삼각대 얼굴 인식 듀얼 마이크	약 15만 원
로지텍 C922 ProStream	1920×1080 FHD	30fps	78도	2016	스탠드 삼각대 듀얼 마이크	약 17-18만 원
로지텍 C930e	1920×1080 FHD	30fps	90도	2018	스탠드 삼각대 듀얼 마이크 4배 줌 칼 자이스	약 15만 원
로지텍 StreamCAM	1920×1080 FHD	60fps	78도	2020	USB C 3.1 역광 보정 마운트 고정 10cm 근접 촬영	약 20-25만 원
로지텍 BRIO 4K pro	4096×2160 UHD	30-60fps	65, 78, 90도	2017	USB C 3.0 스탠드 삼각대 5배 줌	약 34-45만 원
Microsoft HD-3000	1280×720(90만)	30fps	60도	2011	스탠드형 와이드 촬영	약 10만 원
Lenovo 500 FHD	1920×1080 FHD 200만	30fps	75도	2020	4배 줌 360도 회전	약 8만 원
Avermedia LiveStreamer CAM 313	1920×1080 FHD 190만	30fps	60도	2019	USB-C 360도 회전	약 8만 원
ASUS ROG EYE	1920×1080 FHD 190만	60fps	60도	2020	17mm 콤팩 얼굴 인식 빔포밍 마이크	약 10만 원

RAZER Kiyo	1920×1080 FHD 190만	60fps	81.6도	2019	링조명 스탠드형 자동 조명	약 16만 원
아이리버 IPC-HD01	1920×1080 FHD 200만	30fps	60도	2018	얼굴 인식	약 4-5만 원
아이리버 IPC-HD1080	1920×1080 FHD 200만	30fps	60도	2020	수동 초점	약 7만 원
앱코 APC900	1920×1080 FHD 200만	30fps	72도	2020	자동 초점 밝기 스테레오 마이크 360도 회전	약 4만 원
앱코 APC930	2592×1944 UHD	30fps	80도	2020	자동 초점 밝기 360도회전	약 6만 원
조이트론 HD20	1920×1080 FHD 200만	30fps	65도	2020	스탠드 거치대 자동 초점 밝기	약 5-14만 원
조이트론 HD20W	1920×1080 FHD 200만	30fps	126도	2020	스탠드 거치대 자동 초점 밝기	약 5-6만 원
아이락스 IRC70	1920×1080 FHD 200만	30fps	65도	2020	자동 초점 밝기 360도 회전	약 4만 원
아이락스 IRC71	2592×1944UHD	30fps	65도	2020	자동 초점 밝기 4배 줌 노이즈 캔슬링 내장 마이크	약 10-14만 원

📖 마이크

마이크는 교사의 음성을 입력받는 장비입니다. 학생들은 교사의 목소리가 제대로 전달되지 않으면 금방 수업 집중력을 잃습니다.

마이크의 종류로는 손으로 드는 핸드 마이크, 옷깃에 끼우는 핀 마이크, 헤드폰/이어폰과 함께 사용하는 헤드셋/이어셋 마이크, 책상 위에 두는 스탠드(고정형, 구즈넥, 바운더리) 마이크가 있습니다. 온라인 수업과 화상 회의에서 사용하기 좋은 마이크를 순서대로 추천하면 다음과 같습니다.

① **웹캠 내장 마이크**: 여러 가지 테스트를 해 본 결과, 10만 원대 이상 고가의 USB 마이크,

핀 마이크, 입에 가까이 가져갈 수 있는 헤드셋 이어셋 마이크가 아닌 이상 일반적인 마이크보다 웹캠 내장 마이크가 성능이 좋았습니다.

② 헤드셋/이어셋 마이크: 장시간 이루어지는 온라인 수업이나 화상 회의는 웹캠 마이크나 스탠드 마이크를 사용하면 목소리가 커질 수 있어 헤드셋과 이어셋 마이크로 조용히 이야기하는 습관을 가지면 훨씬 목에 무리가 덜합니다. 헤드셋과 이어셋 마이크는 일반적으로 입과 가까이 위치하기 때문에 저렴한 제품을 사용해도 수음이 잘되는 편입니다.

③ 스탠드 구즈넥 마이크: 스탠드 구즈넥 마이크는 스피커를 사용할 때 유용합니다. 여러 명이 동시에 앉아서 수업을 하거나 회의를 하는 경우 각자 마이크를 두고 믹서로 음을 합치면 효과적입니다.

④ 바운더리 마이크: 여러 명이 한 번에 녹화나 실시간 영상을 촬영할 때 전방향 녹음이 되는 바운더리 마이크를 사용하면 편리합니다. 다만 주변 잡음이 많이 들어가기도 하기 때문에 개인 방송에는 사용하지 않습니다.

실시간 화상 수업 마이크 형태, 기능별 가격

제조사 모델	형태	단자 및 용도	출시년도	추가기능	가격
제닉스 스톰X 타이탄 인이어	이어셋	4극 3.5mm 스마트폰 PC 노트북	2017	PC 노트북 연결 케이블 포함 케이블분리형	약 3만 원
MSI GH10	이어셋 마이크 탈부착	4극 3.5mm 스마트폰	2018	PC 노트북 연결 케이블 별도	약 3만 원
사운드판다 SPE-G9	이어셋 마이크 탈부착	4극 3.5mm 스마트폰	2019	PC 노트북 연결 케이블 별도	약 3만 원
앱코 구즈넥 마이크	스탠드 마이크 (구즈넥)	USB PC 노트북	2020	콘덴서 마이크	약 2만 원
제닉스 타이탄 스튜디오프로	스탠드 마이크	USB PC 노트북	2020	스탠드 암 포함 노이즈 캔슬링	약 7만 원
SHURE MV5	스탠드 마이크	USB PC 노트북	2015	지향성 선택 가능 다양한 모드 선택	약 15만 원
에듀티지 ETM-004	바운더리 마이크	3극 3.5mm PC 노트북	2009	무지향성 회의용 마이크	약 6만 원
에듀티지 ETM-006	핀 마이크	3극 3.5mm PC 노트북	2009	무지향성 핀 마이크	약 4만 원

녹색 스크린

화면을 합성해 사람과 배경을 분리할 수 있는 크로마키 효과를 내려면 보통 녹색 스크린이 필요합니다. 화상 수업에서는 녹색 스크린이 반드시 필요하진 않지만, 가상 배경을 사용한다면 뒤 배경을 보다 깔끔하게 바꾸고 싶을 때 사용하면 좋습니다. 줌에서 녹색 스크린을 이용하면 사양의 제한 없이(듀얼 코어 이상) 대부분의 PC에서 가상 배경을 사용할 수 있습니다.

녹색 스크린(크로마키) 역할

조명

방송국에서는 출연자의 모습이 더 밝게 나오도록 강한 조명을 사용하고, 인터넷 방송을 하는 사람들도 개인용 조명을 사용합니다. 화상 수업에서는 조명이 반드시 필요하진 않지만 교실에서도 조명을 사용하면 보다 밝게 교사의 모습을 보여 줄 수 있습니다.

시중에 있는 조명은 대부분 강한 경우가 많아 얼굴에 빛이 반사되거나 눈부심이

심해서 일반적인 스탠드나 전구보다 전문 LED 제품을 구입하는 것이 좋습니다. 가정이나 교실에서는 천장 조명의 위치에 따라 자리 배치를 조정합니다.

다음은 온라인 수업, 화상 회의, 유튜브 1인 방송의 기본 조명이 되는 3점 조명 Three-point Lighting입니다. 웹캠의 위치 위쪽에 메인 조명이 있으므로 되도록 방 안 조명과 웹캠의 위치를 조절하면 훨씬 밝은 화면으로 수업을 할 수 있습니다. 여기에 LED 스탠드나 보조 조명으로 얼굴 쪽을 비추면 얼굴 형태가 더 입체적이고 선명하게 보입니다. 배경 조명까지 추가하면 배경과 인물이 분리되어 집중되는 효과가 있습니다.

3점 조명

① 정면에서 비추는 메인 조명 주광(Key Light)

② 반대 방향에서 부광(Fill Light)

③ 뒤 배경과 자신 사이에서 올려 비추는 역광(Back Light)/후광(Rim Light)

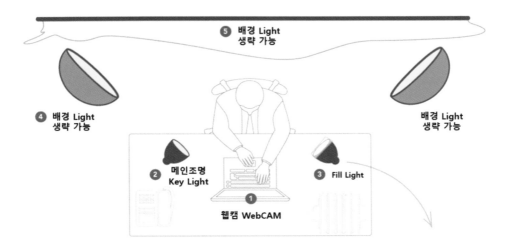

온라인 수업 조명 위치

주광은 천장 조명을 대신하여 자리 위치를 조정하고, 필요한 경우 면 발광 LED 조명을 2개 정도 구매하여 부광과 후광을 채우면 훨씬 부드러운 화면을 구현할 수 있습니다.

화상 수업 플랫폼 줌을 소개합니다

이 책에서는 여러 화상 수업 플랫폼 중 줌Zoom을 다루고 있습니다. 줌은 동시에 많은 인원이 접속하더라도 안정적인 영상과 오디오 품질을 유지하며, 접속자 관리, 화면 녹화, 가상 배경, 주석, 소회의실, 모바일 화면 공유 등 온라인 수업에 필요한 기능이 많고 사용하기도 편리합니다. 이러한 특장점에 힘입어 줌은 2020년 세계 화상 회의 플랫폼 1위로 떠올라 다른 화상 회의 플랫폼보다 많은 사람들에게 선호되고 있습니다.

줌 이외에도 구글 미트Google Meet, 마이크로소프트 팀즈Microsoft Teams, 온더라이브onthelive 등도 화상 수업에서 활용되는 플랫폼이며, 각 프로그램은 갤러리 모드, 화면 공유, 필기, 투표, 평가, 통계 등 다양한 기능을 포함하고 있어 교사의 활용도에 맞게 프로그램을 선택하는 것이 좋습니다. 단, 학생 입장에서는 여러 화상 수업 플랫폼을 사용하면 혼란을 느낄 수 있으므로, 학교에서 활용할 때에는 최소 학년 단위로는 화상 수업 플랫폼을 통일할 필요가 있습니다.

Tip 줌은 어떤 회사인가요?

줌은 2011년 에릭 유안에 의해 최초 설립된 회사(Zoom Video Communication, Inc.)로 매끄러운 비디오 커뮤니케이션, 즉 화상 회의를 원활하게 하도록 돕는 것을 회사의 목표로 삼고 있습니다.

각 화상 회의 프로그램의 기능별 차이는 아래 표와 같습니다.

화상 회의 프로그램별 기능 차이

구분	줌	구글 미트	마이크로소프트 팀즈	온더라이브
교사 이용	회원가입 / SW 설치	웹 기반 구글 계정	웹 기반 MS 계정	회원가입 웹 기반
학생 이용	SW 설치 / 브라우저 비로그인 가능	브라우저 비로그인 가능	브라우저 비로그인 가능	브라우저 교사 학생 계정 등록
지원기기	PC 전용 SW / 브라우저 모바일 앱	PC 브라우저 모바일 앱 설치	PC 전용 SW / 브라우저 모바일 앱	브라우저 교사 학생 계정 등록
인원 및 시간	100명(유료 1000명) 40분(유료 무제한)	100명(유료 250명) 60분(유료 무제한)	300명(MS 365 가입 유료) 시간 제한 없음	PC 모바일 브라우저
모니터링	25-49명 (PC 성능에 따라)	16-48명 웹 앱 사용	49명 대형 갤러리 모드	최대 64명
보조기능	단체 음소거(개별 제어) 화면 공유 화면 녹화 손 흔들기 가상 배경 주석(화면 필기) 소회의실(모둠 활동) 모바일 화면 공유	구글 서비스 연동 (구글 드라이브, 캘린더) 화면 공유 다양한 웹 앱 사용 잼보드 스크린(필기)	MS 365 연동 화면 공유 화면 녹화 손 흔들기 가상 배경 화이트 보드(화면 필기) 잡음 억제	5개 방송 화면 사용 가능 화면 공유 화면 필기 발표 질문 실시간 투표 평가 통계 (클라우드 서비스 외 설치 형 서비스 가능)
특징	2021년 12월 31일까지 교육기관 이메일 등록 시 한시적으로 40분 제한 해제	구글 G Suite for Education 학교 무료 진행	MS 365 학교 무료 지원	국산 스타트업 대량 접속 대비 미흡으로 속도 저하 있음

이 책은 화상 회의 프로그램 중 가장 많은 학교와 교사가 선택한 줌을 기반으로 설명합니다. 줌은 무료 사용자에게는 40분 제한이 있지만, 2020년 코로나19 확산에 따라 교육용으로 사용하는 이메일 계정으로 로그인한 경우에는 시간 제한이 없습니다. 다만 교육용 무료 계정은 동시 접속자가 최대 100명으로, 100명 이상의 학생이 동시에 들어오길 원한다면 추가로 교육기관용 요금을 지불하고 유료로 사용해야 합니다.

줌 사용 목적 접속 인원 요금 체계

구분	기본	프로	비즈니스	기업
사용 목적	개인 회의	소규모 팀	중소기업	엔터프라이즈
연간 사용료 (1개 호스트)	무료	연 $149.90	연 $199.90	연 $240.00
특징	최대 100명 참가 그룹 미팅 최대 40분 무제한 1:1 미팅	최대 참가자 100명 무제한 그룹 미팅 SNS 스트리밍 1G 클라우드 녹화	최대 참가자 300명 싱글 사인 온 클라우드 녹화 도메인 및 브랜딩	최대 참가자 500명 최대 1000명 가입 클라우드 무제한 전담 관리

줌은 교육기관을 위한 별도의 요금제를 가지고 있습니다. 무제한으로 회의를 생성
할 수 있고, 최대 300명 참가자를 지원합니다. 연간 20개 호스트를 제공하며
$1,800.00(1호스트당 $90.00 정도) 요금을 받는 기업 요금제에 비해 저렴합니다.

줌 계정 생성하기

여느 웹사이트와 마찬가지로 줌을 사용하기 위해서 계정을 생성해야 합니다. 학생
들은 줌 계정이 없이도 화상 수업에 참가할 수 있지만, 교사가 화상 수업을 진행하
기 위해서는 회원가입이 필수입니다.

Tip

이미 계정이 있는 경우 이 부분을 넘기고, 다음 챕터인 기본 설정(34쪽)으로 가 주세요. 단, 교육청 및
공무원 메일(@korea.kr, @sen.go.kr 등)로 가입하면 회의 시간 제한(40분)이 한시적으로 해제되므로
(2021년 2월 현재 가능) 다른 일반 메일로 가입한 경우에는 교육청 및 공무원을 증명할 수 있는 기관 메
일로 재가입하여 사용하면 좋습니다.

01 웹 브라우저(크롬, 엣지, 익스플로러 등)에서 주소 창에 zoom.us를 입력하여 줌에 접속합니다. [무료로 가입하세요]를 클릭하세요.

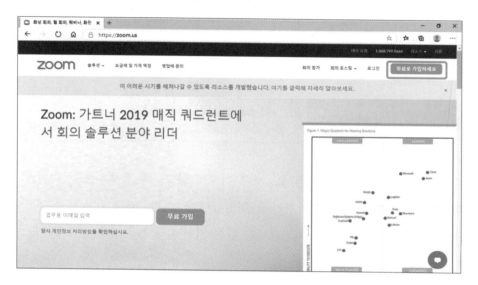

02 인증을 위해 생년월일을 선택하고 [계속]을 클릭하세요.

03 줌의 개인정보 수집·이용에 대한 동의에서 [동의함]을 클릭하세요.

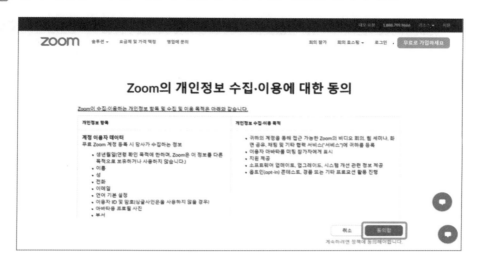

04 이메일 주소를 입력하고 아래의 [가입]을 클릭하세요.

 Tip

가입할 때 학교 교육청 공무원 메일(예를 들어 @es.kr, @go.kr, @korea.kr)로 가입하면 40분 제한 시간
이 풀어집니다. 교육용 메일 주소가 있는 경우 교육용 메일로 가입하세요.

05 입력한 메일 주소로 인증 메일이 발송되었습니다.

06 메일을 확인하면 아래와 같은 내용의 메일이 도착했을 것입니다. [계정 활성화] 를 클릭하세요.

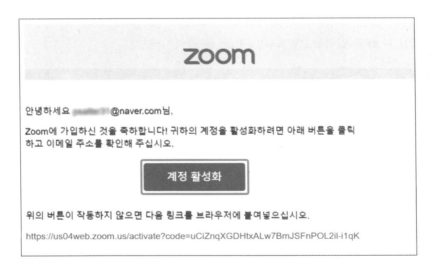

07 '학교를 대표해 가입하시나요?'라는 메시지가 나타납니다. 학교, 교육청 등 기관의 대표인지 확인하여 해당 기관 전체에 줌 40분 제한을 해제해 주기 위한 조치입니다. 여기서는 [아니요]를 클릭하고 [계속]을 클릭하세요.

08 이름과 성을 입력하고 비밀번호를 규칙에 맞게 입력해 주세요. [계속]을 클릭하세요.

09 동료를 초대하는 창입니다. '로봇이 아닙니다'에 체크하고 [이 단계 건너뛰기]를 클릭하세요.

10 이제 모든 가입 절차가 끝났습니다. [지금 회의 시작]을 클릭하면 줌 설치 파일 을 다운로드할 수 있습니다.

11 줌을 설치하고 로그인해 보세요.

줌 화면
둘러보기

이제 선생님은 줌을 활용해 화상 수업, 화상 회의를 할 수 있게 됩니다. 줌의 첫 화면을 간단히 알아보고, 선생님을 위한 기본적인 설정을 해 보겠습니다.

줌 인터페이스 살펴보기

줌을 실행하면 다음과 같은 첫 화면이 나타납니다. 줌에서는 다른 참가자의 얼굴을 보면서 실시간으로 수업이나 회의를 진행할 수 있고, 채팅과 화면 공유, 원격 제어도 할 수 있습니다. 여기에서는 줌의 주요 기능을 직접 클릭해 보며 간단하게 알아보고, 뒤에서 각 기능별 세부 사용 방법을 설명하겠습니다.

[홈페이지] 탭은 줌 프로그램을 처음 실행하면 나오는 화면입니다. 왼쪽에는 [새 회의], [참가], [예약], [화면 공유]가 있고, 오른쪽에는 현재 시간과 예약된 회의 목록이 나옵니다.

회의가 시작되면 [새 회의]는 [회의로 돌아가기]로 변하고, [참가]와 [화면 공유]는 비활성화됩니다.

- **새 회의**: 내가 호스트가 되어 회의를 시작합니다. 줌에서는 회의를 개설한 사람을 '호스트' 라고 합니다. 회의를 시작할 때 **[새 회의]**를 클릭하면 바로 회의실이 열리고, 회의가 시작 됩니다.

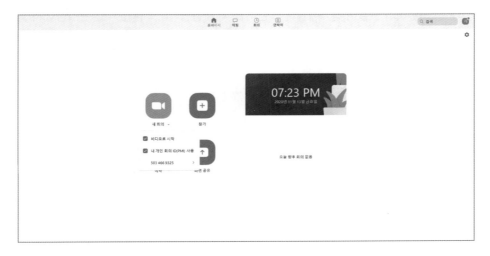

- **참가**: 내가 회의 참가자가 되어 다른 사람이 개설한 회의실에 입장합니다. 회의실 개설자 (호스트)로부터 전달받은 회의 ID를 입력하고 [참가]를 클릭해 회의에 입장합니다. 그 전에 참가자의 이름을 지정하고, 내 컴퓨터의 오디오를 회의에 연결할지 지정할 수 있습니다.

- **예약**: 회의를 바로 시작하지 않고 추후에 있을 회의를 예약해 놓을 수 있습니다. 회의 초대 링크를 미리 만들어 참가자들에게 안내할 때 사용합니다. 자세한 내용은 2장에서 살펴 보겠습니다.

· **화면 공유**: 본인 또는 다른 사람이 개설한 회의실에서 같은 화면을 공유하는 기능입니다. 교실 환경에서는 자주 사용되지 않습니다.

상단 메뉴에서 [채팅] 탭을 클릭하면 채팅 기능으로 동료와 대화할 수 있습니다. 화면 하단에 채팅 입력 창이 있습니다. 입력 창에 나타난 [스크린샷], [파일], [오디오 메시지]를 각각 클릭하면 문자(텍스트) 이외에 파일, 그림, 오디오도 주고받을 수 있습니다.

[회의] 탭에는 예정된 회의와 기록된 회의가 있습니다. 화면 왼쪽 상단에 [예정] 탭은 예약된 회의 목록을 표시하며, [+] 버튼을 클릭해서 새 회의를 예약할 수 있습니다. [기록됨] 탭을 클릭하면 이전에 진행하고 기록해 둔 회의를 확인할 수 있습니다.

마지막으로 [연락처] 탭을 클릭해 보겠습니다. 여기서는 이메일과 앱, 클라우드를 통해 연락처를 추가할 수 있습니다. [+] 버튼을 클릭하고 줌에 가입된 동료의 이메일을 입력하면 연락처가 추가됩니다. 추가된 동료의 접속 상태를 실시간으로 확인하거나 채팅 기능을 사용할 수 있습니다. 또한 연락처에 있는 동료를 실시간 회의실에 초대할 수 있습니다.

01 직접 연락처를 추가해 보겠습니다. 먼저 화면 왼쪽의 [연락처] 탭에서 [+] 버튼을 클릭합니다. 줌에 가입된 이메일 주소를 추가하고 [연락처 추가]를 클릭합니다.

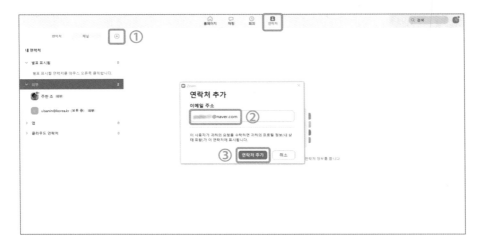

02 줌에 가입된 이메일에 초대가 전송되었습니다. [확인]을 클릭하세요.

03 초대를 받은 사람은 다음과 같이 연락처 요청이 왔다는 알림을 받으며, 초대를 받은 사람은 [수락]을 클릭합니다.

04 그런 다음 [요청 수락]을 클릭합니다.

05 연락처에 등록이 완료되었습니다.

📖 줌 기본 설정하기

줌 설정은 프로그램(클라이언트)에서 변경 가능한 기본 설정과 줌 웹사이트에서 변경 가능한 고급 설정으로 나뉩니다. 먼저 기본 설정을 살펴보겠습니다. 줌 프로그램을 실행하고 오른쪽 상단의 설정 ⚙ 아이콘을 클릭합니다.

- **일반**: 줌 화상 회의 환경의 기본적인 환경 설정, 접속, 알림에 대한 설정을 조절합니다. 이 설정에서는 크게 주의해야 할 사항은 없습니다.

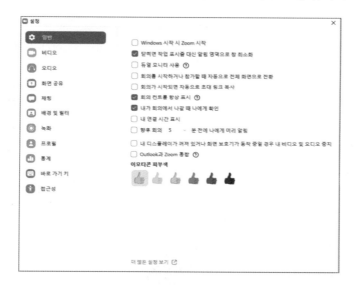

- **비디오**: 비디오에서는 비디오와 관련된 모든 설정을 조절합니다. 회의 환경이 바뀌는 경우 비디오 설정에서 다른 참가자에게 보이는 나의 모습을 확인하는 것이 필요합니다.

  ① 화면의 위아래가 바뀐 경우 예시 화면 상단 왼쪽의 [90도 회전]을 클릭해 변경합니다.

  ② **카메라**: PC에 설치되어 있는 물리적인 카메라나 가상 소프트웨어로 가동된 카메라를 선택할 수 있습니다.

  ③ **내 비디오 미러링**: 화면의 좌우를 반전합니다. 교사가 더 멋지게 보이는 각도로 조절할 수 있습니다. 단, 화면에 글자를 써서 공유할 때 '내 비디오 미러링'에 체크하면 글자가

반대로 나오므로 이 경우에는 미러링을 하지 않습니다.

④ **내 모습 수정 필터**: 소위 말하는 '뽀샤시' 효과로, 피부의 잡티나 이미지의 노이즈를 줄여 줍니다.

⑤ **저조도 환경에 맞게 조정**: 저조도, 즉 어두운 환경에서 화면을 좀 더 밝게 하는 기능입니다. 자동으로도 설정할 수 있고, 수동으로 슬라이더를 움직여 밝기를 조절할 수 있습니다.

⑥ **참가자 비디오에 참가자 이름 항상 표시**: 반드시 체크해야 하는 메뉴로, 참가자 화면의 오른쪽 하단에 이름을 표시합니다.

⑦ **회의에 참가할 때 내 비디오 끄기**: 이 옵션도 체크하기를 권장합니다. 회의실을 먼저 개설하고 교사가 다른 준비를 할 수 있는데, 이를 체크해 두면 불필요한 비디오가 참가자들에게 보이지 않기 때문입니다.

• **오디오**: 오디오 설정은 마이크와 스피커에 관련된 설정입니다. 원하는 스피커와 마이크를 선택할 수 있습니다.

① **볼륨 자동 조정**: 작거나 크게 이야기해도 다른 참가자에게 적절한 수준으로 목소리가 들리게 하는 기능입니다. 교사가 마이크를 바로 입 앞에서 말하지 않아도 소리를 크게 잡아 주어 편리합니다. 반드시 체크할 것을 권장합니다.

② **회의에 참여할 때 컴퓨터로 자동 오디오 연결**: 체크하지 않는 경우 회의에 참가할 때마다 오디오를 연결할지 묻게 됩니다. 항상 비슷한 환경에서 수업을 진행하므로 이 옵션도 체크해 두기를 권장합니다.

③ **회의에 참가할 때 내 마이크 음소거**: 최초 접속 시에는 음소거 상태로 접속합니다. 이 옵션도 미리 체크해 두세요. 수업 진행 시 교사가 충분히 준비되었을 때 마이크를 시작하면 됩니다.

• **화면 공유**: 화상 수업에서 공유하는 콘텐츠와 관련된 옵션입니다.

① **화면을 공유하는 동안 다른 참가자에게 내 줌 Windows 표시**: 이 옵션을 체크하면

화면을 공유할 때 교사의 줌 컨트롤러나 비디오 패널 등을 동시에 볼 수 있습니다. 이 옵션을 체크하지 않으면 학생들에게는 모니터에 보이는 화면 혹은 특정 프로그램 화면만 공유됩니다. 학생들에게 시연하면서 줌의 기능을 설명할 때는 반드시 필요한 기능입니다. 이 기능은 줌 웹사이트 고급 설정에서 '화면 공유' 옵션을 활성화해야 메뉴에 나타납니다.

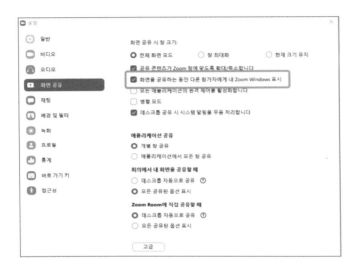

- **배경 및 필터**: 가상 배경, 비디오 필터, 스튜디오 효과와 관련된 설정입니다.
  ① **가상 배경**: 화면에서 사람 뒤에 배치할 가상 배경을 선택합니다. 가상 배경은 고정된 이미지와 움직이는 비디오 모두 가능합니다. 크로마키 천을 사용하는 경우 '녹색 스크린을 사용합니다'에 체크하면 가상 배경의 품질이 향상됩니다.
  ② **비디오 필터**: 비디오의 톤의 색감을 바꾸거나, 얼굴 톤을 바꾸거나, 스티커를 붙이는 등의 다양한 장식을 지원합니다.

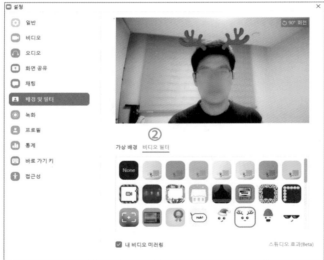

- **녹화**: 녹화에 관련된 설정입니다.

  ① **내 기록 저장 위치**: 기록해 둔 수업 영상 파일을 저장할 위치를 지정합니다. **[열기]**를 클릭해 저장 위치를 열거나 **[변경]**을 클릭해 저장 위치를 다른 곳으로 바꿀 수도 있습니다.

② 화면 공유 중 비디오 기록: 화면 공유 중에도 참가자들의 비디오를 동시에 기록합니다.

- 바로가기 키: 줌에서 유용한 키보드 단축키를 지정합니다.

• 접근성: 자막 및 채팅 글꼴 크기를 지정합니다.

줌 고급 설정하기

앞에서는 줌 프로그램(클라이언트)에서 진행하는 일반 설정을 살펴봤습니다. 그 밖에도 zoom.us 웹사이트에 접속하고 자신의 계정에 로그인하면 회의, 기록, 전화에 관한 세부적인 고급 설정을 지정할 수 있습니다. 줌 고급 설정은 어디서 회의를 시작해도 똑같이 적용되어 편리합니다.

보안 설정

zoom.us 웹사이트에 로그인한 후 [내 계정]을 클릭합니다. 그런 다음 [설정]과 [보안]을 각각 클릭합니다. 온라인 수업과 관련된 보안 설정은 다음과 같습니다.

① 대기실: '대기실'을 활성화하면 참가자가 회의실에 들어오기 전 대기실에 머무르고, 교사가 회의 참가를 수락해야만 회의실에 들어올 수 있습니다. 자세한 대기실 기능은 2장에서

살펴보겠습니다.

② **한 번만 클릭해 참가할 수 있도록 초대 링크에 암호를 내장합니다**: 학생들이 회의실에 입
장할 때 2가지 방법이 있습니다. 회의 ID와 비밀번호를 입력하여 입장하거나 교사가 안내
한 링크를 클릭하여 입장하는 방법입니다. 이 설정은 링크를 클릭했을 때는 별도의 암호
를 입력하지 않아도 되는 메뉴로, 이 옵션은 활성화하기를 권장합니다.

③ **인증된 사용자만 웹 클라이언트에서 회의에 참가할 수 있습니다**: 줌에 가입한 사용자만
회의실에 입장할 수 있는 기능입니다. 학생들 중에는 줌을 가입하지 않고 사용하는 경우
가 대다수이므로 비활성화하기를 권장합니다.

회의 예약 설정

이번에는 [회의 예약]을 클릭해서 관련 옵션을 살펴보겠습니다.

① '호스트 비디오'와 '참가자 비디오'는 비활성화를 권장합니다. 접속한 이후 학생들이 주변
정리를 할 수 있고, 가정에서 접속하는 경우 정돈되지 않은 상태로 먼저 회의실에 입장하
는 경우가 많기 때문입니다.

② 호스트 전 참가: 이 옵션을 활성화하면 학생들이 교사가 회의실을 열기 전에 참가할 수 있습니다. 교사가 없는 상태에서 학생들끼리 화상 수업에 방치하지 않도록 이 설정은 반드시 비활성화(기본 설정)해 두어야 합니다.

③ 개인 회의 ID 활성화: 개인 회의 ID(PMI)를 사용하면 항상 같은 URL과 회의 ID로 수업을 진행하게 되어 학생들이 들어오기 쉽습니다. 교과 교사처럼 많은 반을 맡지 않고, 한 반 수업을 지속적으로 하는 초등학교 담임 교사나 대학 교수에게 유용한 기능입니다.

회의 중(기본) 설정

회의 중(기본) 설정은 채팅, 참여 소리, 파일 전송, 화면 공유, 주석, 화이트보드, 원격 제어, 의사 표시(회의 반응), 제거된 참가자 다시 참여 허용, 참가자 이름 변경, 프로필 사진 숨김 등 수업 중에 필요한 설정을 할 수 있습니다.

① 채팅: 회의실에서 모든 참가자가 채팅할 수 있도록 허용합니다.

② 비공개 채팅: 일반적으로 비공개 1:1 채팅은 비활성화합니다.

③ 채팅 자동 저장: 수업 시 채팅 기능을 많이 사용한다면 채팅 내용을 자동으로 저장해 두

어야 수업 피드백에 유리합니다.

④ **누군가 참가하거나 나갈 때 소리로 알림**: 수업에 지장이 있어 비활성화합니다.

⑤ **파일 전송**: 수업 자료를 전송하기 위해 활성화합니다.

⑥ **화면 공유 중에 Zoom 창 표시**: 학생들은 교사의 모니터에 보이는 화면과 동일한 화면을 전송받을 수 있습니다. PC가 아닌 환경에서 접속하는 학생들도 동일한 화면을 공유할 때 유용합니다.

⑦ **화면 공유**: 학생들의 발표를 위해 교사가 아닌 학생들의 화면을 공유해야 할 때가 있습니다. 이를 위해 해당 기능을 활성화합니다. 단 필요할 때만 권한을 부여하기 위해 '호스트만'으로 선택해 둡니다.

⑧ **'주석'과 '화이트 보드'**는 참가자가 실수나 고의로 수업을 방해할 수 있어 비활성화합니다. 단, 필요 시에는 수업 중에도 권한을 부여할 수 있습니다.

⑨ **원격 제어**: 공유된 화면을 다른 사용자가 제어할 수 있어 비활성화합니다.

⑩ **음성 이외 피드백**: 회의 참가자가 아이콘으로 화면에 의사 표시를 할 수 있도록 활성화합니다.

⑪ **회의 반응**: 화면에 이모티콘으로 반응을 표시하여 주최자(교사)의 말을 끊지 않고 의사소통이 가능합니다. 이모티콘 지속 시간은 10초입니다.

⑫ **제거된 참가자가 다시 참가하도록 허용**: 방에서 퇴출된 참여자가 다시 들어올 수 있도록 설정할 수 있지만 비활성화합니다.

⑬ **참가자가 이름을 바꾸도록 허용**: 참가자(학생)이 이름을 바꿀 수 있도록 허용합니다. 비활성화하면 줌에 처음 접속할 때 본인이 지정한 이름을 바꿀 수 없습니다. 주최자(교사)는 변경 가능합니다.

① **채팅**
회의 참가자가 모든 참가자에게 보이는 메시지를 보낼 수 있도록 허용합니다.

☑ 참가자가 채팅을 저장하지 못하도록 방지 ⓥ

② **비공개 채팅**
회의 참가자가 다른 참가자에게 비공개 1:1 메시지를 보내도록 허용합니다.

③ **채팅 자동 저장**
회의가 시작된 후 호스트가 채팅 텍스트를 수동으로 저장할 필요가 없도록 모든 회의 중 채팅을 자동으로 저장합니다.

④ **누군가 참가하거나 나갈때 소리로 알림**

⑤ **파일 전송**
호스트와 참가자는 회의 중 채팅을 통해 파일을 보낼 수 있습니다. ⓥ

☐ 지정된 파일 형식만 허용 ⓥ

☐ Maximum file size ⓥ

⑦ **화면 공유**
호스트와 참가자가 회의 중에 화면이나 콘텐츠를 공유할 수 있도록 허용합니다.

누가 공유할 수 있습니까?

◉ 호스트만   ○ 모든 참가자 ⑦

다른 누군가가 공유 중인 경우 누가 공유를 시작할 수 있나요?

○ 호스트만   모든 참가자 ⑦

사용자에 대해 데스크톱/화면 공유 비활성화
회의에서 데스크톱 또는 화면 공유를 비활성화하고 선택한 애플리케이션 공유만 허용합니다. ⓥ

⑧ **주석**
호스트 및 참가자가 주석 도구를 사용하여 공유 화면에 정보를 추가하도록 허용합니다. ⓥ

화이트보드
호스트와 참가자가 회의 중 화이트보드를 공유하도록 허용 ⓥ

⑨ **원격 제어**
화면 공유 중에 다른 사용자가 공유 콘텐츠를 제어할 수 있도록 허용

⑩ **음성 이외 피드백**
회의 참가자는 음성 이외 피드백을 제공할 수 있는데, 참가자 패널에서 아이콘을 클릭하여 의사를 표시할 수 있습니다. ⓥ

⑪ **회의 반응**
회의 참가자가 비디오에 표시되는 이모티콘으로 반응을 표시하여 중단 없이 의사소통할 수 있습니다. 반응은 10초 후에 사라집니다. 참가자는 설정에서 반응 피부색을 변경할 수 있습니다. ⓥ

⑫ **제거된 참가자가 다시 참가하도록 허용**
이전에 제거된 회의 참가자 및 웨비나 토론자가 다시 참가하도록 허용합니다. ⓥ

⑬ **참가자가 이름을 바꾸도록 허용**
회의 참가자 및 웨비나 토론자가 스스로 이름을 바꿀 수 있도록 허용합니다. ⓥ

회의에서 참가자의 프로필 사진을 숨깁니다
모든 참가자 프로필 사진이 숨겨지고 비디오 화면에는 참가자의 이름만 표시됩니다. 참가자가 회의에서 자신의 프로필 사진을 업데이트할 수 없습니다. ⓥ

회의 중(고급) 설정

회의 중(고급) 설정에서는 온라인 수업의 모둠 토론, 토의 가능한 소회의실과 교사의 프라이버시를 지킬 수 있는 가상 배경 이미지, 비디오 필터 설정을 지정할 수 있습니다.

① **Zoom에 참가자 보고**: 수업 중에 회의실에 부적절한 사람이 들어왔을 경우 줌에 보고하여 이용 제한 리스트에 검토될 수 있도록 합니다.

② **소회의실**: 호스트가 회의 참가자를 별도의 작은 회의실로 나눌 수 있습니다. 회의 진행 후 다시 전체 회의(메인 세션)로 돌아옵니다.

③ **가상 배경 이미지**: 웹캠에서 비춰지는 인물 이외 화면을 다른 가상 이미지로 지정할 수 있습니다.

④ **비디오 필터**: 얼굴에 재미있는 효과를 줄 수 있습니다.

⑤ **"브라우저에서 참가" 링크를 표시**: 줌 앱을 다운로드하지 않아도 바로 브라우저에서 접속이 가능합니다.

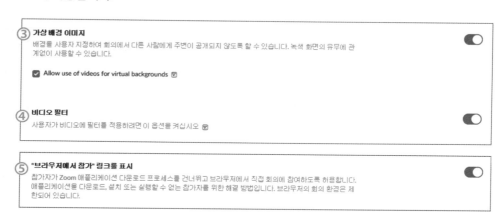

2장

본격적인
온라인 수업 시작

이제 준비는 어느 정도 된 것 같은데요?
이제 수업하면 되는 건가요?
학생들의 얼굴도 보고!

네! 화상 수업, 충분한 준비를 하면
얼마든지 자신감이 생기고
즐겁게 수업하실 수 있습니다!

처음에 자전거를 배울 때나 처음 운전할 때 겁이 많이 났지만, 하다 보면 익숙해져서 어느 순간부터는 자연스러워집니다. 줌도 마찬가지입니다. 화상 수업이 처음이라면 누구나 겁이 납니다. 이 책을 따라 처음부터 끝까지 해 낸다면, 언젠가부터는 등교 수업만큼이나 화상 수업이 익숙해지고 자연스러워지리라 확신합니다.

화상 수업 전
스피커 및 마이크 테스트하기

대면 수업에서는 컴퓨터가 작동하지 않더라도 교사가 말로 설명하거나 교과서 및 다른 보조 자료를 활용해서 수업할 수 있습니다. 화상 수업에서는 어떨까요? 화상 수업에서는 컴퓨터의 접속이 원활하지 않으면 수업 자체가 불가능합니다. 이를 방지하기 위해 수업 시작 전 스피커와 마이크 테스트를 할 것을 권장합니다.

01 먼저 줌 프로그램을 실행하고 [로그인]을 클릭하세요. 아이디와 비밀번호를 입력한 후 [로그인]을 클릭합니다. 이때 '로그인 상태 유지'에 체크해 두면 자동 로그인이 활성화됩니다.

02 [새 회의]를 클릭하면 다음과 같이 컴퓨터 오디오에 연결할지 묻습니다. [스피커 및 마이크 테스트]를 클릭합니다.

📖 **Tip** 오디오 팝업이 뜨지 않게 하고 싶어요

[회의에 참여할 때 자동 오디오 연결]을 선택하면 추후 회의를 시작할 때 오디오 연결 팝업이 생성되지 않습니다. 따라서 회의를 시작한 후 왼쪽 하단의 오디오 토글 중 [스피커 & 마이크 테스트]를 선택하면 오디오 테스트를 할 수 있습니다. 이 테스트는 회의 중간에 연결이 원활하지 않을 때 언제든 할 수 있습니다.

03 스피커 테스트가 시작됩니다. 줌에서 별다른 설정을 하지 않으면 컴퓨터에 기본 스피커 설정으로 지정된 스피커를 통해 소리가 들립니다. 만약 잘 들리지 않는다면 '스피커 토글'에서 다른 스피커를 선택하고 소리가 들리는지 확인합니다. 잘 들린다면 [예]를 클릭하세요.

04 다음은 마이크 테스트입니다. 마이크가 정상적으로 작동되고 있다면 '입력 레벨'에 색상 바가 나타나며 녹음이 됩니다. 잠시 말을 멈추고 있으면 교사가 한 말이 그대로 들립니다. 말이 정상적으로 들린다면 [예]를 클릭하고, 잘 안 된다면 다른 마이크를 선택해 주세요.

05 여기까지 정상적으로 선택했다면 다음과 같은 그림이 나오게 됩니다. [컴퓨터 오디오로 참가]를 클릭하세요.

🖥️ Tip 하울링 현상

화상 수업을 할 때 하울링 현상(소리의 에코가 계속 생김)이 생기는 경우가 있습니다. 하울링 현상은 2개 이상의 기기로 동시에 줌에 접속할 때 두 기기의 오디오 소리가 서로 간섭하면서 발생합니다. 따라서 여러 기기를 사용해 줌에 접속하는 경우, 메인 컴퓨터로 사용하는 것만 오디오를 사용하고 다른 기기(태블릿, 스마트폰, 제 2의 PC 등)는 오디오를 끄고 화면만 보이게 접속해야 합니다.

화상 수업
진행하기

📖 새 회의 시작하기

이제 화상 수업을 시작하겠습니다. 줌 프로그램을 실행하고 로그인을 해 주세요.

01 [새 회의]의 오른쪽 토글을 클릭하고 '내 개인 회의 ID(PMI) 사용'에 체크하세요. 그리고 [새 회의]를 클릭합니다.

내 개인 회의 ID, 즉 PMI(Personal Meeting ID)

를 사용하지 않으면 회의를 시작할 때마다 주소가 바뀔 수 있습니다. PMI 주소를 학생들에게 알려주면 교사와 약속한 시간(수업 시간)에 들어오기만 해도 별도의 안내 없이 학생들이 수업에 참여하게 됩니다. 무료 계정에서는 PMI 주소를 변경할 수 없으나 유료 계정에서는 변경 가능합니다.

02 회의가 시작되면 아래와 같은 최초 화면이 나옵니다. 이제 본격적으로 수업을 시작할 수 있게 됩니다.

03 이와 동시에 줌 프로그램의 [새 회의]는 [회의로 돌아가기]로 변경되며, [예약] 외의 다른 메뉴는 비활성화됩니다.

04 다시 회의 창으로 돌아가서, 오른쪽 하단의 [종료]를 클릭하면 [모두에 대해 회의 종료]와 [회의 나가기] 중 하나를 선택할 수 있습니다. 모든 참가자를 회의에서 나가게끔 종료하려면 [모두에 대해 회의 종료]를, 교사 본인만 나가려면 [회의 나가기]를 클릭하세요.

📖 Tip **담임 교사가 아닌 교과 선생님은 PMI를 어떻게 지정해야 하나요?**

초등 저학년의 경우 같은 반 학생들을 한 명의 교사가 맡기 때문에 늘 PMI 주소가 같습니다. 하지만 3학년 이상이면 교과 선생님이 별도로 있어 학생들에게 각 교과 선생님의 PMI를 알려 주어야 합니다. 이 경우 학생들이 헷갈려 하지 않도록 수업 직전이나 하루 전에 교과 선생님의 수업임을 인지시키고, 정해진 시간에 학생들이 참석하도록 미리 교육해야 합니다.

교과 선생님들은 학생들의 이름을 다 외우기 어렵습니다. 3반 길동이, 4반 길동이 등 이름이 같거나 비슷해서 곧잘 헷갈리기도 하지요. 선생님이 이름을 모두 외우기 전까지는 '0반 00번 길동이' 등으로 이름을 설정해 두도록 약속하면 편리합니다.

회의 예약하고 학생 초대하기

줌에는 회의 예약 기능이 있습니다. 이 기능을 이용해 특정 시간대에 회의실이 개설됨을 알리고, 학생들이 미리 그 시각에 맞추어 참가하게끔 준비시킬 수 있습니다. 학교 수업에서 자주 쓰는 기능은 아니지만, 온라인 연수 등을 이유로 강의를 준비할 때 미리 시각과 접속 주소를 공지할 때 유용합니다.

01 줌 프로그램을 실행하고 로그인한 후 [예약]을 클릭합니다.

02 예약할 회의에 대한 내용을 적습니다.

① **주제**: 수업 주제를 기록합니다. 큰 의미는 없으므로 변경하지 않아도 됩니다.

② **시작 및 기간**: 회의를 시작할 날짜와 시각을 기록합니다. 회의 시각을 정확하게 시작하거나 종료하지 않아도 되므로, 정해진 시각과 다르게 시작하거나 종료한다고 해서 문제가 되지 않습니다. 이 시각은 다른 참가자와의 약속을 하는 시각 정도로만 생각하면 됩니다.

③ 회의 ID: 자주 보는 사람들을 대상으로 회의를 진행할 경우에는 '개인 회의 아이디'
　를 선택하고, 한시적 행사인 경우 '자동으로 생성'을 선택합니다.

④ 비디오: '호스트'와 '참가자'의 비디오는 끕니다.

⑤ 캘린더: '기타 캘린더'를 선택합니다.

⑥ 고급 옵션: 고급 옵션 토글을 클릭해서 확장하고, '참가자가 언제든 참여하도록 허용'
　은 체크하지 않고 '입장 시 참가자 음소거'는 체크하기를 권장합니다.

그런 다음 맨 아래 [저장]을 클릭합니다.

03 회의 예약이 완료됩니다. [클립보드에 복사]를 클릭해 아래의 초대 글을 복사하고 회의 참가자들에게 보냅니다.

04 회의 당일에 예정된 회의 목록이 오른쪽 새로 추가된 것을 확인할 수 있습니다. 오른쪽의 [시작]을 클릭하면 해당 회의를 시작할 수 있습니다.

📖 대기실 활용하기

교사가 화상 회의실을 개설하고 대기실 기능을 사용하게 된다면 학생은 회의실에 바로 들어올 수 없습니다. 대기실에서는 학생의 모니터에 빈 화면만 나타나고 '잠시 기다려 주십시오. 회의 호스트가 곧 귀하를 들어오게 할 것입니다'라는 메시지만 볼 수 있습니다.

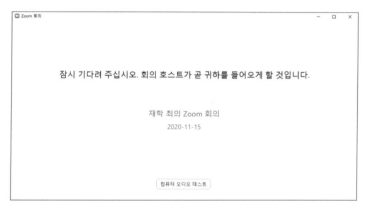

학생에게 보이는 대기실에서의 상태

참가자는 호스트가 수락해야만 회의실에 들어올 수 있습니다. 호스트는 대기실에 있는 참가자가 수업을 듣는 학생이 맞으면 수락하고, 그렇지 않은 외부인인 경우 거절하면 됩니다. [모두 수락]을 클릭하면 한 번에 대기실에 있는 모든 학생을 회의실로 참가시킬 수 있습니다.

대기실은 일반 수업에서 사용하는 것은 권장하지 않으며, 불특정 다수가 들어오는

🏠 Tip 이름 바꾸기

대기실을 사용할 때, 학생들이 줌 프로그램으로 접속해서 '회의 ID와 비밀번호'를 입력하면 들어오기 전 '이름 바꾸기'가 가능합니다. 하지만 교사가 공유한 초대 링크를 클릭해서 접속하면 자신의 이름을 변경할 수 있습니다.

대기실에 학생이 대기하는 모습

회의나 연수에서 특정인의 접속만 허락해 주어야 할 때 사용하는 것이 좋습니다. 저는 대기실 사용을 권장하지 않습니다. 수업 중간에 다양한 이유로 학생들이 회의실에서 튕겨 나가는 경우가 있는데요. 학생들이 재접속할 때마다 교사가 회의 참가를 수락해 줘야 하기 때문입니다. 수업에 집중하다 보면 대기실에 학생이 있는 것을 놓칠 수도 있습니다.

컨트롤 패널 조작하기

회의를 시작하면 화면에 회의 참가자들의 얼굴이 나타나고, 화면 하단에 컨트롤 패널이 나옵니다. 컨트롤 패널은 회의와 관련된 모든 것을 조정할 수 있는 메뉴입니다. [음소거 / 음소거 해제], [비디오 시작 / 비디오 중지], [보안], [참가자], [채팅], [화면 공유], [기록], [소회의실], [반응] 등의 메뉴가 있습니다.

[채팅], [화면 공유], [기록], [소회의실]은 바로 다음에 실습하므로 여기서는 설명을

생략하고 나머지 기능부터 살펴보겠습니다.

음소거 / 음소거 해제

마이크 모양의 아이콘인 [음소거]는 교사의 음성을 켜거나 끕니다. 수업 전이나 진행 중 혹은 수업이 끝난 교사의 말이 나가지 않아야 할 때가 있습니다. 예를 들어 수업 중간 누군가 교실로 들어오거나, 학부모나 학생의 전화가 올 때, 학생에게 영상 자료를 보여줄 때 불필요한 소리가 나가지 않도록 조정하는 식이죠. 여기서 [음소거]는 교사의 소리만 조정하는 기능으로, 학생 음성을 음소거하려면 다른 메뉴를 이용해야 합니다. [음소거] 오른쪽 상단의 토글을 클릭하면 마이크와 스피커를 선택하거나 소리를 테스트할 수도 있습니다.

음소거 해제 전 / 후 비교

비디오 시작 / 비디오 중지

캠코더 모양의 아이콘인 [비디오 시작]을 클릭하면 교사의 PC에 설치된 웹캠을 실행할지 묻습니다. 웹캠이 실행된 상태에서 [비디오 중지]를 클릭하면 웹캠에 비치는 모습 대신 교사의 이름이 나옵니다. 이때 교사가 프로필 사진을 설정했다면 프로필 사진이 나옵니다. 음소거와 마찬가지로 수업 중간 쉬는 시간이나 활동 시간에 잠시 카메라를 꺼 두면 유용합니다.

[비디오 시작 / 비디오 중지]의 오른쪽 상단 토글을 클릭하면 웹캠이 여러 개인 경우 하나를 선택하거나, 가상 배경, 비디오 필터 등 비디오와 관련된 설정을 조정할 수 있습니다.

비디오 시작 / 중지

보안

[보안]은 회의실의 보안성 및 참가자 권한과 관련된 메뉴입니다.

[회의 잠금]은 회의실에 더이상 새로운 참가자가 들어오지 못하게 하는 기능입니다. [대기실 사용]을 선택하면 대기실이 활성화됩니다. [프로필 사진 숨기기]는 화면에서 프로필 사진을 숨기는 기능입니다. 프로필 사진을 사용하는 참가자의 경우 비디오를 끄면 프로필 사진이 나오는데, 이 기능을 활성화하면 프로필 사진 대신 참가자 이름이 나옵니다.

[프로필 사진 숨기기]를 비활성화한 경우

[프로필 사진 숨기기]를 활성화한 경우

이 외에도 참가자에게 [화면 공유], [채팅], [스스로 이름 바꾸기], [스스로 음소거 해제], [비디오 시작] 등의 기능을 허용하거나 금지할 수 있습니다.

[참가자 제거]는 참가자를 회의실에서 추방하는 기능이고, [참가자 활동 일시 중단]은 참가자의 화면 공유, 채팅 등 모든 활동을 일시적으로 중지하는 기능입니다. 두 기능은 실제 수업에서는 자주 쓰이지 않습니다.

[참가자 활동 일시 중단] 선택 시 나오는 팝업

참가자

회의에 참여한 참가자를 관리하는 메뉴입니다. 참가자의 이름을 바꾸거나 호스트로 지정하거나 화면 공유를 허용할 수 있습니다. 또한 [모두 음소거]를 클릭하여 모든 회의 참가자를 한 번에 음소거할 수 있고 [초대]를 클릭하여 회의에 참석할 참가자를 불러올 수 있습니다.

[초대]는 회의실로 참가자를 초대할 수 있는 메뉴입니다. 연락처로 등록된 사람이라면 클릭하여 초대하고, 그렇지 않은 경우에는 하단의 [초대 링크 복사] 혹은 [초대 복사]를 클릭하여 접속 주소를 공유하여 초대할 수 있습니다.

[초대]를 누르면 나오는 팝업

반응

[반응]은 회의 중 말하거나 채팅하는 대신 이모티콘으로 자신의 감정을 표현하는 방법입니다. [반응]으로 표시할 수 있는 이모티콘은 '박수', '찬성', '하트', '기쁨', '입 벌린 얼굴', '하트'가 있습니다. 원하는 아이콘을 선택하면 자신의 비디오 왼쪽 상단에 아이콘이 표시됩니다.

채팅 참가자 관리하기

이름 바꾸기

이름은 교사와 학생 모두 변경할 수 있으며, 교사는 모든 참가자를, 학생은 본인만 변경 가능합니다. 학생들의 출석을 확인하기 위해 줌 회의에서 학생 이름을 각자 '○○번 홍길동' 또는 '○반 ○○번 홍길동' 같은 방식으로 변경하도록 하는 것이 좋습니다. 학생들이 접속할 때 참가자 명단을 활성화하면 오른쪽에 참가자 목록이 나옵니다. 이때 학생 이름이 가나다순으로 정렬되는데, 번호 순서로 학생들이 이름을 바꾸면 출석 확인이 용이합니다.

교사가 참가자의 이름을 변경하는 방법은 다음과 같습니다.

01 참가자의 비디오를 우클릭하거나 아래 메뉴 중 [참가자]를 클릭하고 이름 옆의 [더 보기]를 클릭해 활성화되는 메뉴 중 [이름 바꾸기]를 선택합니다.

02 '이름 바꾸기' 창에서 원하는 이름으로 바꾸고 [확인]을 클릭합니다.

03 참가자의 이름이 변경됩니다.

갤러리 보기와 발표자 보기

회의를 시작하고 나면 초기 화면에서 참가자들을 [갤러리 보기]와 [발표자 보기]라는 두 가지 모드를 선택할 수 있습니다. 화면 오른쪽 상단의 [보기]를 클릭하고 [갤러리 보기]나 [발표자 보기]를 선택할 수 있습니다.

갤러리 보기

발표자 보기

[갤러리 보기]는 여러 명을 한 화면에서 볼 수 있으며 PC는 25명(성능에 따라 49명까지 가능), 모바일 기기는 최대 4명이 지원됩니다. [발표자 보기]는 현재 말하는 사람이 확대되어 보이며, 그 외의 참가자는 작게 표시됩니다.

모두에게 추천

[모두에게 추천]은 특정 사용자의 비디오를 확대하여 보여 주는 기능입니다. 수업 중 교사 혹은 발표하는 학생 몇 명을 중심으로 비디오를 보여 줘야 할 때 사용합니다. 이 기능을 사용하면 학생들이 발표자에게 더욱 집중할 수 있습니다. [모두에게 추천]은 동시에 최대 4명을 지정할 수도 있습니다.

[모두에게 추천]을 사용하면 처음에는 [발표자 보기] 형태로 비디오가 나타나나, [갤러리 보기] 형식으로 변경할 수도 있습니다. [갤러리 보기] 형식에서는 추천받은 비디오가 왼쪽 상단에 나타나며, 이때 학생의 이름 왼쪽에 압정 모양의 아이콘이 생겨 상단에 고정되었음을 알 수 있습니다.

[모두에게 추천]할 비디오를 지정하려면 학생의 비디오 위에 마우스 우클릭을 하거나, 참가자 명단에서 [더 보기]를 클릭하고 [모두에게 추천]을 선택하면 됩니다.

비디오 위에 마우스 우클릭한 경우

참가자 명단에서 [더 보기]를 누른 경우

한 명을 추천한 경우

두 명을 추천한 경우

갤러리 보기로 전환한 경우

호스트 변경하기

수업을 시작하면 기본적으로 회의 개설자가 호스트가 됩니다. 수업을 도와주는 코디네이터가 있거나, 공동 수업을 하는 경우 수업을 개설한 후 호스트를 변경할 필요가 있습니다. 변경하고자 하는 참가자의 비디오 위에 마우스 우클릭하고 [호스트 만들기]를 선택하거나, 참가자 명단에서 [더 보기]를 클릭하고 [호스트 만들기]를 선택하면 됩니다. '호스트를 000으로 변경하시겠습니까?'라고 묻는 창이 나오면 [예]를 클릭해 호스트를 변경합니다.

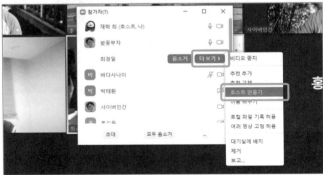

참가자 명단 [더 보기]에서 [호스트 만들기] 선택

호스트가 회의실을 나가면서 호스트를 변경할 수도 있습니다. 먼저 오른쪽 하단에 [종료]를 클릭하고 [회의 나가기]를 클릭합니다. [새 호스트 지정] 목록에서 원하는 참가자를 선택하고 [지정 후 나가기]를 클릭하면 새로운 호스트가 지정되는 동시에 회의실에서 나가게 됩니다.

상호 작용 및
수업 자료 공유하기

📖 채팅하기

화상 수업 중 채팅 기능을 사용할 수 있습니다. 화면 하단 컨트롤 패널에서 [채팅]을 클릭하거나 단축키 Alt + H 를 누르면 채팅 창이 나타납니다. 채팅을 통해 문제를 내고, 답을 이야기할 수 있고, 링크를 공유하여 특정 사이트에 접속하거나 영상을 시청하게 할 수도 있으며, 파일을 전송할 수도 있습니다. 또한 채팅은 전체 또는 특정 참가자와 할 수 있습니다. 특정 참가자와 채팅하려면 '받는 사람' 오른쪽의 [모두]를 클릭하고 채팅 대상자를 지정하면 됩니다.

전체에게 보내기

개인에게 보내기

Tip 비공개 채팅

초기 설정 시 [비공개 채팅]을 비활성화하면 비공개 채팅을 다른 참가자에게는 사용할 수 없고, 교사
에게만 사용할 수 있습니다.

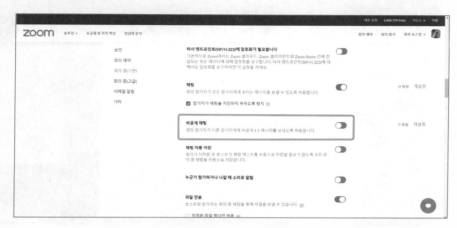

파일 전송하기

회의 중간에 문서나 그림 파일, 영상 파일 등을 전송할 수도 있습니다. 채팅 창에
서 [파일]을 클릭해서 원하는 파일을 지정해 보세요. 이 경우 PC에 있는 파일뿐만
아니라 드롭박스Dropbox, 원드라이브OneDrive, 구글 드라이브Google Drive에 있는 파일도
전송 가능합니다. 혹은 탐색기나 바탕 화면에 있는 파일을 선택하고 채팅 창으로
끌어다 놓으면(드래그&드롭) 해당 파일이 전송됩니다.

01 채팅 창을 열고 오른쪽에 [파일]을 클릭합니다. 보내고자 하는 파일이 있는
저장 장소를 선택합니다. 여기서는 [내 컴퓨터]를 선택했습니다.

02 보내고자 하는 파일을 선택하고 [열기]를 클릭합니다.

03 채팅 창으로 파일이 전송됩니다.

📖 컴퓨터 화면 공유하기

화면 공유는 화상 수업의 핵심 기능입니다. 화면 공유 기능을 통해 교사의 PC 모니터 화면을 학생들이 보고 있는 모니터에 그대로 전송할 수 있습니다. 화면 공유는 자료에 포함된 소리, 효과음, 영상도 함께 공유할 수 있습니다.

회의를 시작하고 화면 하단의 [화면 공유]를 클릭합니다. '공유하려는 창 또는 앱 선택' 창이 나옵니다. [기본] 탭에는 [화면], [화이트보드], [iPhone/iPad], 그리고 활성화된 창(익스플로러, 크롬, 파워포인트, 디지털 교과서, 폴더 등)이 나옵니다. 이 중에서 공유하고자 하는 화면을 선택하고 [공유]를 클릭합니다.

[공유] 버튼을 클릭해 화면 전체를 공유하면 전체 화면에 연두색 테두리가 생기고, 화면 상단에 플로팅 회의 컨트롤이 생성됩니다. 화면 공유를 시작하면 아래에 있는 컨트롤 패널과 별도로 화면 상단에 플로팅 회의 컨트롤이 생성됩니다. '플로팅'

이라는 말에서 알 수 있듯이 패널을 클릭한 상태로 마우스를 움직여 위치를 조정할 수 있습니다. 화면 공유와 관련된 기능은 모두 플로팅 회의 컨트롤에 포함되어 있습니다.

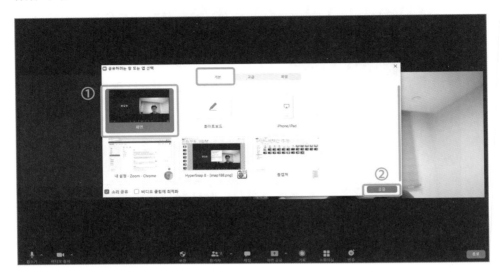

 Tip

화면을 공유할 때 특정 창을 공유하는 것보다 '화면 전체'를 공유하는 것이 좋습니다. 수업 간에 파워포인트를 공유하다가, 다른 창을 열어 유튜브 동영상을 보여 준다고 가정해 봅시다. 이때 [화면]을 공유하면 해당 모니터에 내가 보는 모습 그대로를 보여 주기 때문에 특별히 조치할 일이 없습니다. 하지만 그러다가 파워포인트 화면을 공유하려면 다시 [화면 공유]를 클릭하고 크롬 화면을 선택해 다시 화면을 공유해야 하므로 번거롭습니다

 Tip

[화면 공유]를 클릭하면 아래에 [소리 공유]와 [비디오 클립에 최적화] 옵션이 나타납니다. 기본적으로 화면 공유를 하지 않은 상태에서는 컴퓨터에서 나오는 음악이나 영상의 소리가 참가자들에게 전송되지 않습니다.

화면 전체를 공유한 경우(연두색 테두리가 전체에 있음)

[공유 중지]를 클릭하면 화면 공유가 종료됩니다. [새로 공유]를 클릭하면 화면 공유 중에 다른 공유할 화면을 선택할 수 있습니다.

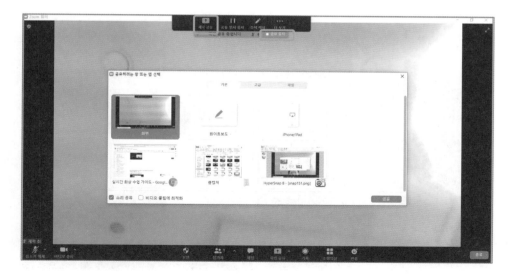

[공유 일시 중지]는 현재의 상태로 공유된 화면을 정지합니다.

[주석 작성]은 그리기, 글자 쓰기, 스탬프 등으로 화면에 표시할 수 있는 기능입니다. 자세한 사용법은 뒤에서 다시 설명하겠습니다.

[원격 제어]는 공유된 화면을 다른 참가자가 제어할 수 있도록 권한을 주는 기능입니다. 권한을 받은 참가자는 마우스와 키보드로 참가자의 공유된 화면을 제어할 수 있습니다.

[더 보기]는 그 외의 기능이 있습니다. 이 중에서 [소리 공유]와 [비디오 클립에 최적화]는 자주 쓰는 기능이므로 자세히 알아보겠습니다.

① 소리 공유: 기본적으로 화면 공유를 하지 않은 상태에서는 컴퓨터에서 나오는 음악이나 영상의 소리가 참가자들에게 전송되지 않습니다. 화면 공유를 시작하면 최초에는 화면만 공유됩니다. [소리 공유]를 체크해야만 교사가 재생한 영상이나 음성 파일의 소리가 참가 자들에게 공유됩니다.

대체로 수업에서는 교사가 영상이나 소리 자료를 보여줄 목적으로 많이 쓰기 때문에, 영 상이나 소리 자료가 하나라도 포함되어 있다면 이 옵션에 체크하기를 권장합니다. 특히 파워포인트 화면을 공유할 때, 따로 영상 자료가 없더라도 파워포인트에 배경 음악이나 효 과음이 포함되어 있다면 항상 체크하는 것이 좋습니다.

② 비디오 클립에 최적화: 영상은 정지된 화면이나 소리보다 더 큰 정보를 담고 있습니다. 영 상을 공유하면 그만큼 단위 시간당 전송 정보량이 크기 때문에 화면을 전송할 때 원활하 지 않을 수 있습니다. 대표적으로 화면이 끊겨서 보이거나, 딜레이가 생겨 교사가 보고 있 는 화면보다 학생에게 공유된 화면이 많이 늦어지는 현상이 있습니다. [비디오 클립에 최 적화]에 체크하면 화질을 다소 낮추는 대신 영상이 끊기지 않고 전송됩니다.

이 옵션은 기본적으로는 체크하지 않고, 수업 중간 중간 영상을 공유할 때 체크했다가 영 상이 끝나면 체크를 풀어 주는 식으로 운영하기를 권장합니다. 일반적으로 화질을 낮춰서 전송하기 때문에 공유한 화면의 텍스트가 흐릿하게 보일 수 있기 때문입니다.

화면 공유 시 '공유하려는 창 또는 앱 선택' 창에서 [화면]이 아닌 열려 있는 다른 창을 선택한 경우 해당 창에 연두색 테두리가 생기며 화면이 공유됩니다.

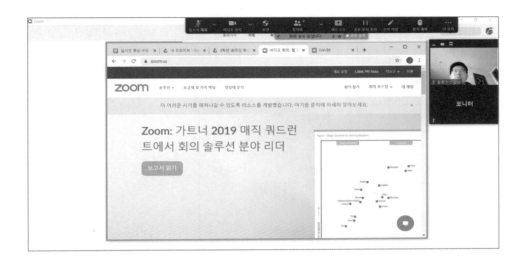

[화이트보드]를 선택한 경우 흰 화면이 나타나고, 여기에는 글씨를 쓰거나 그림을 그릴 수 있는 주석 기능이 별도의 창으로 활성화됩니다.

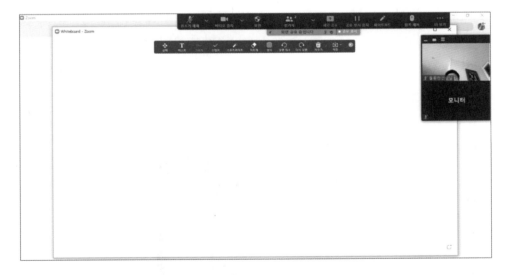

'공유하려는 창 또는 앱 선택' 창에서 [기본] 탭이 아닌 [고급] 탭을 선택하면 [PowerPoint를 가상 배경으로 설정], [화면 일부], [컴퓨터 소리만], [두 번째 카메라의 콘텐츠]를 선택할 수 있습니다.

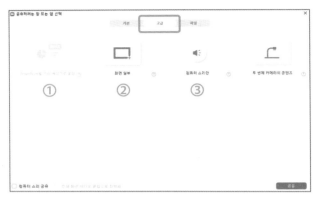

고급 공유 메뉴(컴퓨터 사양에 따라 화면과 같이 파워포인트를 가상 배경으로 설정 기능이 활성화되지 않을 수도 있습니다)

① **PowerPoint를 가상 배경으로 설정**: 이 옵션을 선택하고 화면을 공유하면 파워포인트 파일을 선택하라는 메뉴가 나옵니다. 원하는 파워포인트 파일을 선택하면 교사의 뒤 배경이 공유된 슬라이드로 변합니다. 이때 교사는 가운데 있을 수도 있고, 왼쪽이나 오른쪽으로 위치를 이동하거나 크기도 조절할 수 있습니다.

파워포인트 슬라이드를 공유한 화면

단, 이 기능은 파워포인트에 넣은 애니메이션이나 소리, 영상이 나오지 않으므로 정지된 화면만 있는 슬라이드를 보여 줄 때 쓰는 것이 바람직합니다.

② **화면 일부**: 모니터 전체가 아닌 화면의 일부만 공유할 수 있습니다. 최초 클릭 시에 연두색 창이 나오며, 그 안에 있는 화면만 공유됩니다. 보여 줄 화면의 크기는 교사가 자유롭게 조절할 수 있습니다.

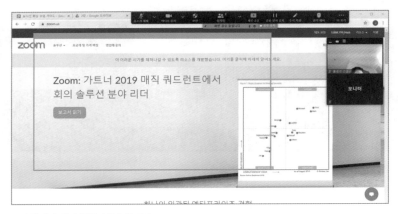

교사 창에서 화면 일부만 공유한 모습

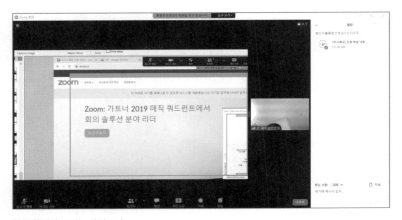

학생 창에서 보이는 화면 모습

③ **컴퓨터 소리만**: 화면 공유 없이 소리만 내보낼 수 있습니다. 화면 공유는 학생들도 할 수 있습니다. [화면 공유]의 토글을 클릭하고 [여러 참가자가 동시에 공유할 수 있습니다]를 선택하면 학생들도 공유 기능을 쓸 수 있습니다. 이 기능은 학생들이 미리 만들어 놓은 숙제를 발표할 때 유용합니다.

📖 주석 작성하기

화면을 공유할 때 칠판에 판서하듯 주석 기능으로 필기를 할 수 있습니다. 이 기능은 교과서 PDF 파일에 수학 문제를 풀거나, 밑줄을 치거나 부연 설명이 필요할 때 메모하는 용도로 유용합니다. 주석은 교사만 하도록 설정할 수도 있고, 학생도 할 수 있도록 설정할 수 있습니다.

01 회의를 시작한 직후에는 주석 기능이 활성화되어 있지 않습니다. [화면 공유]를 시작하면 화면에 플로팅 회의 컨트롤이 활성화되는데, 여기서 [주석 작성]을 클릭하세요. 화이트보드를 공유하면 바로 주석 기능이 활성화됩니다.

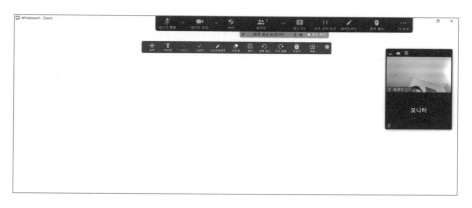

02 기본적으로 다음과 같은 주석 메뉴가 나옵니다. 주석에는 기본적인 그리기와 더불어 화살표, 네모, 동그라미, 마름모와 같은 도형을 기본적으로 제공합니다. 도형은 형식에서 색상, 굵기 등을 변경할 수 있습니다.

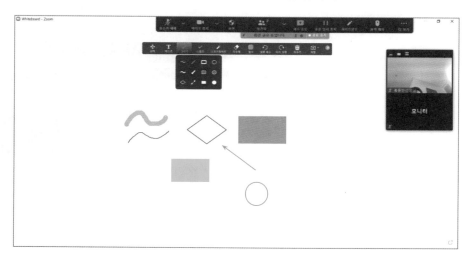

03 주석 메뉴에서 [텍스트]를 선택하고 화면 아무데나 클릭하면 텍스트를 입력하는 창과 커서가 나옵니다. 키보드를 사용하여 원하는 문구를 입력할 수 있습니다. [형식]을 클릭하면 선의 색깔과 굵기, 텍스트의 크기를 조절할 수 있습니다.

04 주석 메뉴 중 [스탬프]는 기존에 만들어진 몇 개의 아이콘을 화면에 표시하는 데 용이합니다. [스탬프]는 한 학생이 여러 개를 사용할 수 있으므로, 중복 응답이 가능한 설문조사도 가능합니다.

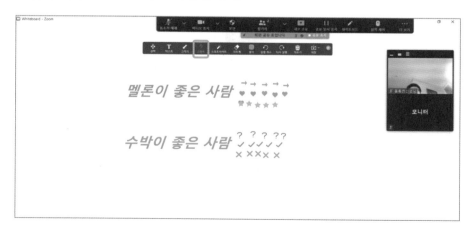

05 한편 [화살표]는 [스탬프]와 달리 하나만 사용할 수 있습니다. 표시할 화살표를 옮기려면 원래의 화살표와 상관없이 메뉴의 화살표를 선택하고 원하는 곳에 클릭하면 기존의 화살표가 사라지고 새로운 화살표가 생겨납니다.

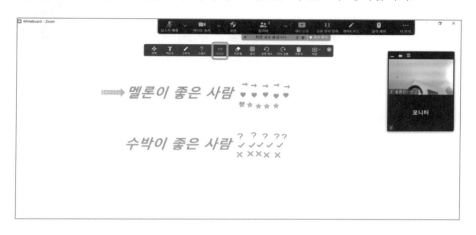

06 [지우개]는 만든 주석을 지우는 기능입니다. 참가자는 본인의 것만 지울 수 있으며, 호스트(선생님)는 참가자의 주석도 지울 수 있습니다. 단, 지우는 것은 개체 단위로만 지울 수 있고, 부분적으로는 지울 수 없습니다.

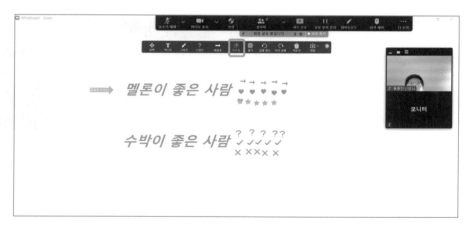

07 [실행 취소]와 [다시 실행]은 실수로 주석을 썼거나 지웠을 경우 뒤로 돌리거나 다시 실행하는 데 사용할 수 있습니다.

08 [저장]을 클릭하면 주석을 단 화면을 저장할 수 있습니다. 저장하는 시점의 상태가 저장되므로, 수업 중간 중간 필기하거나 학생의 피드백을 저장하여 평가 자료나 교수 학습 자료 유인물로 활용할 수 있습니다. 저장한 화면은 png 이미지 파일 형태로 C:₩Users₩사용자명₩Documents₩줌₩ 경로에 저장됩니다.

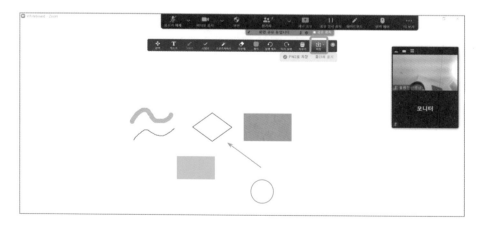

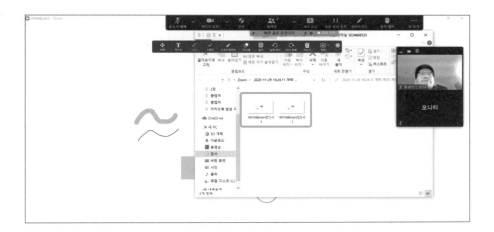

 Tip

화면 공유 중 참가자들은 교사의 지시가 있을 때 외에는 주석을 달 필요가 없습니다. 기본적으로는 교사만 하도록 [플로팅 회의 컨트롤]의 [더 보기]에 들어가서 [참가자 주석 사용 안 함]에 체크해 주고, 학생들이 직접 화면에 문제를 풀도록 할 경우에만 [참가자가 주석을 달도록 허용]에 체크를 풀어 주기를 권장합니다.

또한 화면 공유 중 [플로팅 회의 컨트롤]의 [더 보기]를 클릭하면 [주석자 이름 숨기기] 기능이 있습니다. 이 기능은 누가 해당 주석을 작성하였는지 알 수 있는 메뉴로 주석자의 이름을 숨기지 않기를 권장합니다.

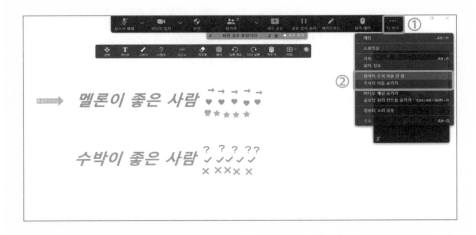

소회의실로 그룹별 수업 진행하기

 소회의실로 모둠 배정하기

줌 프로그램에서는 학급 전체를 대상으로 한 회의와 더불어 학생들을 나누어 별도의 그룹(모둠) 활동을 할 수 있는 소회의실 기능을 지원합니다. 이 기능을 활용하여 학생들은 소그룹 토의를 할 수 있습니다.

01 새 회의를 시작하고 오른쪽 하단 [소회의실]을 클릭해 소회의실을 만듭니다. 소회의실은 학생 수와 관계 없이 여러 개를 만들 수 있습니다. 필요한 모둠 수만큼 회의실 개수를 입력하세요.

소회의실에 학생들을 할당하는 방법으로는 자동 할당, 수동 할당, 학생 선택에 의한 할당이 있습니다. [자동으로 할당]을 선택하면 학생들이 무작위로 각

> **Tip**
>
> 소회의실이 보이지 않을 경우 줌 웹사이트의 고급 설정에서 [소회의실] 항목을 활성화해야 합니다.

소회의실에 참여하게 되며, [수동으로 할당]을 선택하면 교사가 학생을 각각의 소회의실에 할당하여 학생들이 참여하게 됩니다. [참가자가 소회의실을 선택하도록 허용]을 선택하면 학생이 임의로 회의실을 선택하여 들어가게 됩니다.

원활한 모둠 활동을 위해서는 학생의 특성을 고려하여 모둠을 구성하고, 역할을 주는 [수동으로 할당]을 사용하는 것이 좋습니다. 이하는 [수동으로 할당]으로 소회의실을 운영하는 방법입니다. [수동으로 할당]을 선택하고 [만들기]를 클릭합니다.

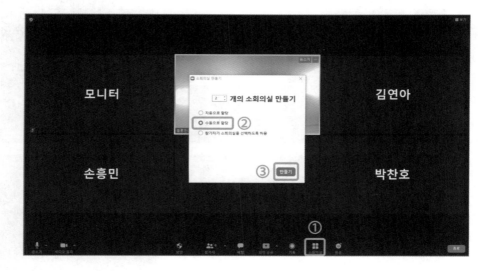

02 [회의실 1] 오른쪽의 [할당]을 클릭하고 회의실 1에 학생들을 할당합니다. 회의실 2에도 같은 방법으로 학생들을 할당합니다. 학생들을 모두 체크하고 [모든 회의실 열기]를 클릭합니다.

03 참가자들이 모두 소회의실에 참여하면 학생들의 상태가 투명색에서 초록색으로 변합니다.

04 배정된 소회의실은 변경 가능합니다. 학생 이름 위에 마우스를 올리고 오른쪽에 나오는 [이동]을 클릭합니다. 학생에게 현재 할당된 소회의실을 제외한 회의실의 목록이 나타나면 이동시키고자

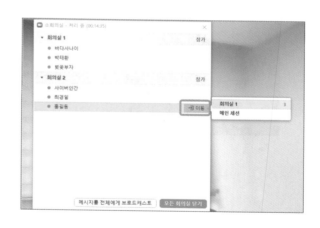

하는 회의실을 클릭해 회의실을 변경합니다.

 **소회의실 옵션**

소회의실 대화상자에서 화면 왼쪽 하단의 [옵션]을 클릭하면 관련 설정을 변경할 수 있습니다.

① **참가자가 소회의실을 선택하도록 허용**: 참가자가 소회의실을 이동할 수 있게 됩니다. 모둠 원이 정해진 모둠 활동인 경우에는 체크하지 않습니다.

② **참가자가 언제든지 메인 세션으로 돌아가도록 허용합니다**: 선택하는 경우 교사가 소회의 실 세션을 종료하고 전체 회의(메인 세션)로 소환하지 않아도 모둠 활동이 일찍 끝난 경우 전체 회의로 복귀할 수 있습니다. 체크하기를 권장합니다.

③ **할당된 모든 참가자를 자동으로 소회의실로 이동합니다**: 체크하기를 권장합니다.

④ **다음 이후 자동으로 소회의실이 닫힙니다**: 수업 시간이 한정되어 있으므로, 소회의실을 무한정 허락할 수는 없습니다. 시간을 정하여 옵션을 선택하면 해당 시간 이후 소회의실 이 자동으로 닫힙니다. 체크하기를 권장합니다.

⑤ **소회의실을 닫은 후 카운트다운**: 모둠 활동 시간이 종료되었으므로, 학생들은 카운트다 운 시간 동안 마무리를 할 수 있습니다. 활동에 따라 적절한 마무리 시간을 줍니다. 체크하 기를 권장합니다.

 **호스트가 소회의실 참여하기**

소회의실을 시작하면 학생들은 전체 회의에서 소회의실로 접속하고, 교사는 기본적으로 전체 회의에 남습니다. 호스트는 각 소회의실에 접속하여 학생들의 활동을 보고 도움을 주거나, 학생들을 평가할 수 있습니다. 호스트가 소회의실에 참여하는 경우는 2가지가 있습니다. 첫 번째는 교사의 필요에 의해 소회의실에 참여하는 경우이고, 두 번째는 학생의 요청에 의해 소회의실에 참여하는 경우입니다.

교사의 필요에 의해 소회의실에 참여하는 방법은 다음과 같습니다.

01 소회의실에서 회의실 이름 오른쪽의 [참가]를 클릭합니다. '회의실 1에 참가하시겠습니까?'라는 메시지가 표시되면 [예]를 클릭합니다.

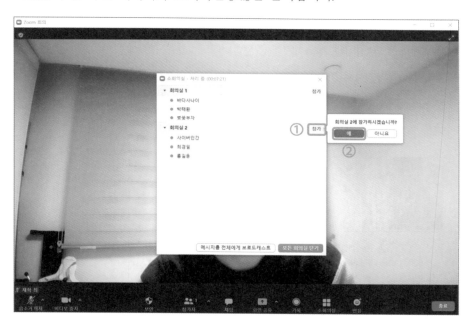

02 참가자 화면 하단의 [도움 요청]을 선택하면 '도움을 요청하기 위해 호스트를 이 회의실에 초대할 수 있습니다.' 팝업이 나옵니다. [호스트 초대]를 클릭합니다.

03 참가자가 호스트 초대를 하면 교사의 화면에는 '회의실 2에서 ○○님이 도움을 요청했습니다.'라는 창이 나옵니다. 교사가 [소회의실 참가]를 클릭하면 해당 소회의실로 교사가 접속합니다.

Tip

학생들은 소회의실 내에서 그룹(모둠) 활동을 하다가 질문이 생기거나 교사의 도움을 필요로 하는 경우 [호스트 초대]를 클릭하여 교사를 초대할 수 있습니다.

04 소회의실에 접속하면 소회의실에 할당된 학생들과 교사만 보입니다. 학생들과 이곳에서 소통할 수 있습니다. 학생들에 대한 피드백이 모두 끝나면 오른쪽 하단의 [소회의실 나가기]를 클릭하여 소회의실에서 나옵니다.

05 소회의실에서 나가면 모든 참가자의 회의 화면에서 [모두에 대해 회의 종료], [회의 나가기], [소회의실 나가기]가 활성화됩니다. [모두에 대해 회의 종료]를 클릭하면 현재 하고 있는 전체 회의, 즉 다른 소회의실까지 모두 한 번에 종료됩니다. [회의 나가기]를 클릭하면 전체 회의는 진행되나 호스트만 나갑니다. [소회의실 나가기]를 클릭하면 교사만 해당 소회의실에서 나가서 전체 회의로 복귀합니다. 여기서는 [소회의실 나가기]를 클릭합니다.

소회의실에 전체 공지하기

전체 회의에서 [소회의실]을 클릭하고 아래에 [메시지를 전체에게 브로드캐스트]를 클릭하면 학생들에게 필요한 메시지를 작성하고 전체 소회의실에 전송할 수 있습니다. 학생에게는 상단에 파란색 메시지가 보입니다.

교사가 보내는 모습

학생이 전체 메시지를 받은 모습

📖 소회의실 닫기

01 소회의실 활동 시간이 종료되면 '소회의실 사용 시간 15분이 만료되었습니다. 이제 소회의실을 모두 닫으시겠어요?' 창이 나옵니다. 활동에 따라 시간을 더 줄 수도 있고 종료할 수도 있습니다. 모둠 활동이 종료되면 소회의실을 닫아야 합니다. 소회의실 메뉴를 열어 [모든 회의실 닫기]를 클릭합니다.

02 회의실을 닫더라도 바로 닫히지 않고, 카운트다운 설정대로 60초 후에 닫힌다는 메시지가 교사와 참가자들의 화면에 나옵니다. 시간은 소회의실 옵션에서 조절할 수 있으며, 모둠 활동을 마무리 할 수 있도록 적절한 시간을 주어야 합니다. 60초가 되기 전에도 소그룹 활동이 끝난 참가자는 스스로 소회의실을 나올 수 있습니다.

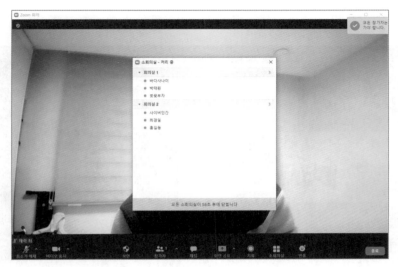

교사 화면

교사 화면

03 60초가 지나면 모든 소회의실이 닫히고 참가자들이 전체 회의로 복귀합니다.

원활한 화상 수업 진행을 위한 팁

교사용 보조 모니터는 필수!

우리가 일반적으로 알고 있는 모니터는 컴퓨터의 화면을 출력해 주는 장치이지만, 다른 의미로도 사용됩니다. 콘서트장이나 강연장에 가면 관객이나 청중에게 보여 주는 용도 말고도, 현재 소리가 어떻게 들리는지 현재 화면이 어떻게 나오는지 들려주고 보여 주는 모니터 장치도 있습니다. 모니터 장치가 없더라도 소리가 들리고 내 모습이 어떻게든 보이겠지만, 이런 보조 모니터가 있으면 연주자나 강연자는 화면에서 공유되는 소리가 균형 있게 잘 들리는지, 자신의 모습이 원하는 대로 보이고 있는지 확인할 수 있습니다.

화상 수업에서도 마찬가지로 모니터가 필요합니다. 학생들에게 교사가 공유한 화면이 잘 나가는지, 영상은 끊기지 않고 전송되는지, 소리는 제대로 나가는지 확인해야 합니다. 보조 모니터를 사용하려면 주로 사용하는 PC 외에 별도의 장치로 줌에 접속하면 됩니다.

보조 모니터용 기기는 꼭 PC가 아니라 태블릿이나 스마트폰도 좋습니다. 특히 학생들이 PC가 아니라 스마트폰으로 많이 접속하는 환경이라면, 학생들과 동일한 환경인 스마트폰을 써서 학생들의 시점에서 화상 수업 화면이 어떻게 보이는지 쉽게 가늠할 수 있습니다. 별도의 장치가 준비한 후 해당 장치에서 줌 프로그램을 실행하고 학생들에게 안내한 링크 또는 줌 회의 ID를 통해 접속합니다.

화면 공유 시 교사 화면

모니터링용 PC 화면(음소거, 비디오 끄기)

모니터링용 스마트폰 화면

화면 공유는 잘 되는지, 소리는 잘 들리는지 모니터 기기의 화면을 통해 확인하되, 만약 모니터용 기기에서 로그인한다면 음성은 음소거로, 비디오는 중지 상태로 해 놓아야 합니다.

 Tip

줌은 동시에 하나의 계정으로 여러 기기에서 접속이 불가능하므로, 모니터용 장치는 로그인하지 않은 상태로 접속하게 됩니다. 만약 모니터용 기기에서 접속을 한다면, 주 PC의 로그인이 해제될 수 있습니다.

화면 녹화하기

줌에서는 자체 기능을 통해 교사의 강의를 녹화할 수 있습니다. 녹화한 강의의 일부를 학생들에게 다시 보여 주는 용도로 제공할 수도 있고, 학생들의 음악 수행평가나 말하기 수행평가 자료로 쓰기에도 유용합니다. 혹은 교사가 본인의 강의를 스스로 평가하거나 장학 자료 및 수업 공개의 목적으로 녹화 영상을 활용할 수 있습니다. 줌에서 강의를 녹화하는 방법은 다음과 같습니다.

01 화상 회의를 시작하고 오른쪽 하단 [화면 공유] 오른쪽의 [기록]을 클릭합니다. 혹은 단축키 [Alt]+[R]을 누릅니다. 기록이 정상적으로 작동한다면 화상 회의 왼쪽 상단에 '기록 중…'이 나타납니다.

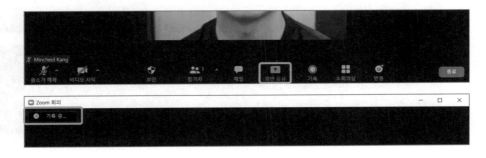

02 회의 중간에 [기록 일시 중지]를 클릭하면 자동으로 녹화를 멈추고, 다시 녹화를 시작할 수도 있습니다.

03 필요한 부분을 모두 녹화하면 [기록 중지]를 클릭합니다. '회의가 종료되면 기록된 파일이 mp4로 변환됩니다.'라는 알림이 표시됩니다. [종료]를 클릭합니다. 녹화는 한 회의에서 정지, 다시 녹화의 방법으로 여러 건을 생성할 수 있으며, 회의가 모두 종료된 후 일괄적으로 생성됩니다.

04 회의가 종료되면 파일 변환 대화상자가 표시되며 녹화된 회의가 저장됩니다. 윈도우 탐색기에서 [문서]의 [줌] 폴더(C:\Users\사용자명\Documents\줌)에 들어 가면 화상 회의 날짜와 시작 시간이 기록된 폴더가 있으며, 폴더 안에 녹화된 화상 회의가 .mp4 형태로 저장되어 있습니다.

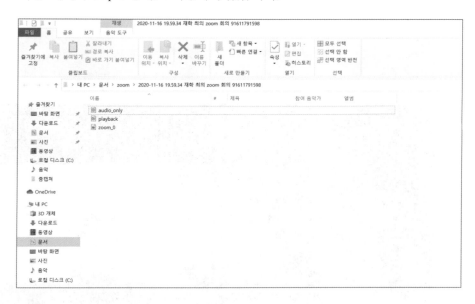

📖 가상 배경

가상 배경 기능을 활용하여 사람을 제외한 나머지 뒤 배경을 다른 영상으로 대체할 수 있습니다. 기본적으로 제공되는 사진이나 단색(흰색 등) 배경을 활용해도 되고, 교사의 필요에 따라서 학습 목적으로 뒤 배경을 변경할 수도 있습니다. 예를 들어 박물관에 관해 설명할 때 교사의 배경을 유물이 전시된 박물관 모습이라면 학생들이 더 흥미 있게 수업을 볼 수 있을 것입니다. 또한 교사의 뒤쪽에 지저분한 물건들이 많아 깔끔하게 가릴 때도 가상 배경이 유용합니다.

학생들도 가상 배경을 사용할 수 있습니다. 가정에 따라서 자신의 방이 없는 학생도 많습니다. 이 경우에 거실이나 주방에서 학습하게 되는데, 학생들이 집안 모습을 공개하기 꺼려할 수 있습니다. 그래서 미리 학생에게도 가상 배경 기능을 알려줘 활용할 수 있게 하면 좋습니다.

회의 중 가상 배경을 설정하는 방법은 다음과 같습니다.

01 왼쪽 하단 [비디오] 토글을 클릭하고 [가상 배경 선택]을 선택합니다.

02 [가상 배경] 탭 아래에서 원하는 가상 배경을 선택하면 바로 적용됩니다. 오른쪽의 [+]를 클릭하면 자신의 이미지 파일을 가상 배경으로 만들 수 있습니다.

Tip

가상 배경은 대부분의 PC에서 사용 가능하지만, 일부 사용하지 않은 경우도 있습니다. 가상 배경이 가능한 사양은 18쪽을 참고해 주세요.

📖 비디오 필터

가상 배경 외에도 참가자를 꾸며 줄 수 있는 기능으로 비디오 필터가 있습니다. 가상 배경은 사람 한 명을 제외하고 뒤를 모두 배경으로 바꿔 주지만, 비디오 필터는 대부분의 배경은 그대로 둔 채 참가자의 얼굴을 인식하여 콧수염을 넣어 준다든지 선글라스나 모자를 씌우는 식으로 꾸며 줍니다. 자주 하면 효과가 없지만, 가끔씩 사용해 본다면 학생들에게 웃음을 줄 수 있습니다.

줌의 [설정]을 클릭하고 [배경 및 필터]를 클릭한 후 내 [비디오 필터] 탭을 클릭합니다. 혹은 회의 중 [비디오] 토글을 클릭하고 [비디오 필터 선택]을 선택해도 됩니다.

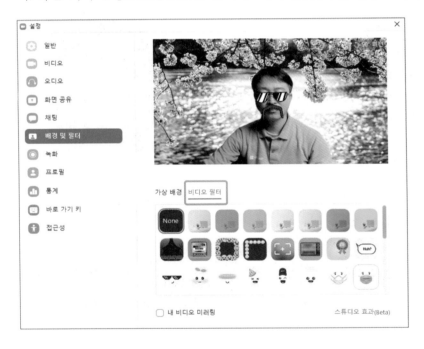

화면 하단에 [스튜디오 효과]를 클릭해 들어가면 수염을 추가하거나 입술색도 바꿀 수 있습니다.

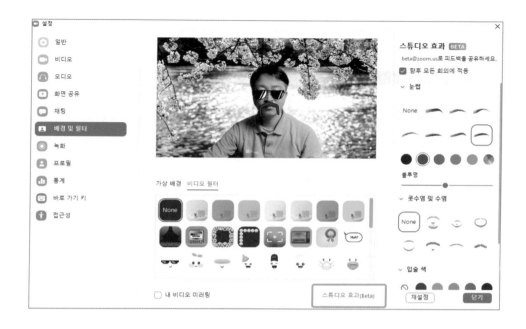

📖 스냅 카메라

스냅 카메라$^{Snap\ Camera}$는 사진과 영상 공유 모바일 메신저 스냅챗^{Snapchat}에서 제작한 웹캠용 렌즈 애플리케이션입니다. 스냅 카메라를 설치하면 웹캠에 필터를 적용한 가상의 스냅 카메라 드라이버를 만들어 재미있는 효과를 줌과 같은 화상 회의에서 사용할 수 있습니다.

01 스냅 카메라 웹사이트(snapcamera. snapchat.com)에서 프로그램을 다운로드하세요.

02 스냅 카메라 프로그램을 실행합니다.

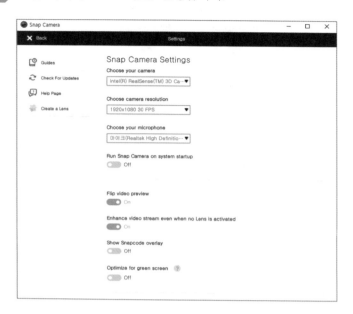

03 줌 프로그램의 비디오 설정에서 카메라를 [Snap Camera]를 선택합니다.

04 스냅 카메라에서 원하는 효과를 선택해 보세요.

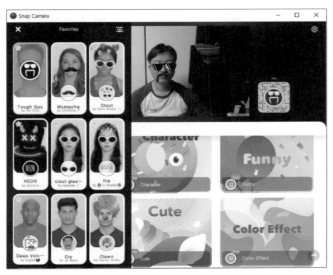

스냅 카메라와 줌 배경 화면을 실제 수업에 적용한 사례

단축키 모음

단축키를 사용하면 더 신속하게 원하는 메뉴로 이동하거나 원하는 기능을 활성화 시킬 수 있습니다. 단축키는 기본적으로 설정되어 있지만, 사용자의 편의에 따라 원하는 대로 변경할 수도 있습니다. 일반적으로 가장 많이 쓰는 단축키는 다음과 같습니다.

Windows	Mac	기능 설명
스페이스바		일시적 음소거 / 음소거 해제 (스페이스바를 지속적으로 누른 상태에 따라 달라짐)
Alt + V	Command + Shift + V	비디오 켜기 / 비디오 끄기
Alt + A	Command + Shift + A	음소거 / 음소거 해제
Alt + M	Command + Control + M / Command + Control + U	호스트를 제외한 모든 참가자 음소거 해제 / 참가자 음소거 해제 요청(호스트만 사용할 수 있음)
Alt + S	Command + Shift + S	화면 공유 / 화면 공유 해제
Alt + Y	Option + Y	손들기 / 손 내리기
F6		줌 팝업 윈도우 찾기
Ctrl + Alt + Shift		미팅 컨트롤로 이동하기

Windows	Mac	기능 설명
PageUp	Control + P	갤러리 모드에서 이전 25개의 비디오 보기
PageDown	Control + N	갤러리 모드에서 다음 25개의 비디오 보기
Alt	Control + ₩	일반 설정에서 항상 미팅 컨트롤 보이기 / 끄기
Alt + F1 / Alt + F2	Command + Shift + ₩	비디오 미팅에서 발표자 보기 / 갤러리 보기로 전환
Alt + F4	Command + W	현재 창 닫기
Alt + Shift + S		새로운 화면 공유 시작 / 정지
Alt + T	Command + Shift + T	화면 공유 멈춤 / 재개
Alt + R	Command + Shift + R	컴퓨터에 회의 녹화 / 정지
Alt + C	Command + Shift + C	클라우드에 회의 녹화 / 정지(클라우드는 유료 계정만 사용 가능)
Alt + P	Command + Shift + P	녹화 일시 정지 / 재개
Alt + N	Command + Shift + N	카메라 변경하기
Alt + F	Command + Shift + F	전체 화면으로 이동 / 해제
Alt + H	Command + Shift + H	채팅 패널 보이기 / 숨기기
Alt + U	Control + Option Command + H	참가자 패널 보이기 / 숨기기
Alt + I	Command + I	초대 창 열기
Ctrl + 2		발표자 이름 읽기
Ctrl + Alt + Shift + H		플로팅 회의 컨트롤 보이기 / 숨기기
Alt + Shift + T	Command + T	스크린샷
Alt + T	Command + L	줌 세로(Portrait) 화면 / 일반 화면 (Landscape) 전환

3장

학생과 학부모를 위한
온라인 수업 안내

온라인 수업에 참여할 학생들에게
필요한 내용은 무엇이 있을까요?

온라인 수업에서도 실제 수업과 같이
선생님과 친구에 대한 예절과 올바른
수업 태도를 지켜야 합니다. 집에서는 학교처럼
학생의 행동을 면밀히 살피고 지도하기 어려우므로
사전 지도와 부모님의 협조가 필요합니다.

이때도 등교 준비하듯 학생의 용모를 단정하게 하고
집안을 정리하며 가족의 협조를 받을 수 있도록
학생과 부모님께 안내해 드려야 합니다.

온라인 화상 수업을 진행하다 보면 학생들의 온갖 수업 태도와 반응을 보게 됩니다. 수업하면서 음식을 먹기도 하고, 자리에서 벗어나 누워 있기도 하지요. 대부분의 온라인 수업은 전체 화면으로 학생들을 모두 모니터링하기 때문에 학생들의 사소한 태도와 행동들이 수업에 방해가 됩니다.

실제로 온라인 수업 중에는 학생의 자세나 태도를 살피고 지적하기 어렵기 때문에 사전에 지도가 필요하며 특히 학부모의 협조가 중요합니다. 일부 학생의 불량한 수업 태도는 사실 온라인 수업에 익숙하지 않은 탓인 경우가 많았습니다. 앞으로 이루어지는 온라인 수업은 미리 학생과 학부모에게 수업을 충실히 준비하게끔 충분히 사전에 안내해야 합니다.

온라인 화상
수업 준비하기

학생들과 온라인 수업을 하다 보면 신경 쓸 일이 한두 가지가 아닙니다. 학생들은 온라인 수업이 처음이라 잘 모르고 부주의한 행동을 하기 마련인데, 그 때문에 선생님이나 반 친구들이 마음에 상처를 받을 수 있습니다. 온라인 수업에 익숙하지 않은 만큼 미리 준비하고, 수업에 참여하는 모든 사람들을 위한 배려가 필요합니다. 또한 직접 얼굴을 보지 못하기 때문에 오해가 있을 수 있으니 말이나 글을 명확하게 표현할 필요가 있습니다.

📖 화상 수업 준비 4단계

① **용모 단정**: 화상 수업에서는 우리 집 배경과 상반신이 나오게 됩니다. 특히 자다 일어난 얼

굴이나 헝클어진 머리를 보이면 친구들과 선생님에게 좋지 않은 인상을 주게 됩니다. 되도록 평소처럼 일찍 일어나 수업을 준비하는 것이 좋습니다.

② 학습 위치: 자신의 방에서 책상에 앉아서 화상 수업을 진행하는 것이 가장 좋습니다. 하지만 자신만의 수업 공간을 만들기 힘든 학생들도 있겠지요. 이런 경우 집에서 가장 조용한 곳을 선택하도록 지도하세요. 되도록 화면 뒤쪽에 벽이나 옷장 등 단순한 물건이 있는 곳에 자리를 잡고, 스마트 기기를 놓을 수 있어야 합니다.

③ 학습 준비: 시간표, 교과서, 공책, 필기 도구 등 등교 수업과 마찬가지로 오늘 배울 수업 준비물이 필요합니다. 화장실을 미리 다녀오고 수업에 필요한 물건을 미리 책상 주변에 준비하면 수업 시간 불필요한 이동을 줄일 수 있습니다.

④ 가족 양해: 수업 시간에 가족들이 화면에 나오거나 집안의 소리가 수업에 들릴 수 있습니다. 화상 수업 시간을 미리 가족들에게 알리고 주의할 점은 양해를 구해야 합니다.

📖 화상 수업 참여 3단계

온라인 수업은 선생님이 학생들을 감시하는 수업이 아니며, 스스로 학습할 수 있도록 도와주고 다른 학생들과 함께 협업하는 다양한 수업에 참여하는 것임을 분명히 전달합니다. 성실하게 참여하고 다른 친구들을 도와줄 수 있도록 화상 수업 시작 전 올바른 마음가짐을 갖도록 해야 합니다.

① 수업 준비
- 수업 준비물(스마트 기기, 교과서, 필기도구)을 챙깁니다.
- 선생님 사전 예고에 따라 수업 내용을 미리 확인합니다.
- 학습 웹사이트에 미리 로그인해 둡니다(수업 시작할 때 접속하려 하면 오류 발생 가능성이 더 높음).

② 수업 참여

- 수업에 적극적으로 참여하고 수업 흐름을 방해하지 않습니다. 발표할 때는 먼저 발언권을 얻고 말합니다. 또 말할 때는 화면 소리를 끄지 않습니다.
- 화면에 얼굴이 잘 나오도록 영상 유지하고, 마이크는 발표나 질문 시에만 켭니다.
- 바른 자세로 앉고, 불필요한 행동을 줄입니다.

③ 수업 정리

- 수업에서 제시되는 자료 주소나 중요한 내용을 정리해 둡니다.
- 직접 물어보기 힘든 내용은 수업 후에 답변 받을 수 있도록 채팅 창에 기록합니다.
- 수업이 끝나면 각 과목 공책에 필기하듯 자료를 학년-과목-단원-교과서 페이지 등을 기준으로 알아보기 쉽게 자료를 정리해 두면 다음에 공부할 때 편리합니다.

수업 준비	수업 참여	수업 정리
• 수업 준비물 • 수업 내용 미리 확인 • 학습 웹사이트 로그인	• 적극적인 참여 • 바른 자세 • 발표 발언권 • 말할 때 소리 켜기 • 불필요한 행동 줄이기	• 수업 내용 메모 • 채팅 창에 질문 정리 • 수업 자료 정리

화상 수업 참여 에티켓

화상 수업에 참여하는 자세와 태도가 연결되어 있는 온라인 예절은 서로 돕고 더 나은 자신을 스스로 만들어 가는 마음가짐부터 시작됩니다. 온라인이라고 해서 아이디와 아바타 뒤에 숨어서 행동하는 마음을 버리고 대면할 때와 같은 태도로 수업에 임합니다.

- 선생님이 제시한 시간을 정확히 지키는 것이 중요합니다.

- 학급 안내를 잘못 알지 않도록 스마트 기기 캘린더로 일정을 관리하면 좋습니다.

- 온라인 수업 접속 주소도 미리 기록하거나 저장해 두면 좋습니다(아침 시간에 학급관리 앱이나 SNS에 접속되지 않는 경우 대비).

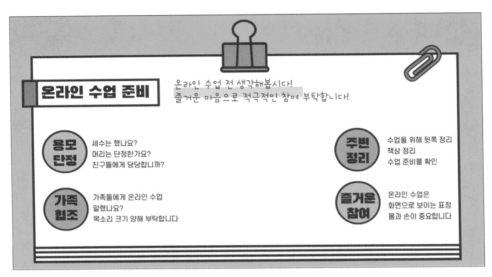

학생 온라인 수업 준비 줌 배경화면

📖 수업 중 지켜야 할 법적 책임

온라인에서 일어나는 모든 행동은 법적 근거 자료가 되며, 동영상과 채팅 창으로 기록된 내용은 취소하거나 회수할 수 없기 때문에 신중하게 행동해야 합니다.

- 수업 영상이나 자료 등 저자의 허락을 받지 않고 콘텐츠를 외부에 공개하면 저작권 침해가 됩니다. 수업에 공유된 자료는 수업 시간에만 사용하기로 허락된 자료들이 많아 개인이 가져다 공유하면 안 됩니다. 자신의 공부 자료로 활용하는 것은 상관없지만 인터넷에 올려

다른 사람에게 공유할 수 없습니다.

- 친구와 선생님의 얼굴이 나타난 영상과 이미지를 허락 없이 외부에 공유하면 초상권 침해에 해당합니다.
- 상호 존중과 학교폭력 예방을 위해 친구나 선생님을 대상으로 상대방의 기분을 상하게 하는 험담과 욕설을 하면 안 됩니다.
- 수업과 관련없는 내용이나 거짓 정보를 공유해도 안 됩니다.

화상 수업
예절 지도 사례

온라인 수업에 앞서 학생과 학부모의 준비와 다양한 문제 상황을 예방하기 위해서 학급관리 온라인 서비스 사용법을 사전에 알려드리기 위해 학교 차원의 통신문이 전달됩니다.

학교 차원에서는 되도록이면 온라인 교육의 효율성을 위해 학생들이 큰 화면과 키보드나 펜이 있는 기기를 갖출 것을 권장하고, 취약계층 학생을 위해서 기기 대여 안내를 해 주는 것이 좋습니다. 그리고 학습용 기기는 SNS나 유튜브, 게임 등 여가용으로 사용할 경우 자녀관리 시스템을 설치해 수업에 집중할 수 있도록 해야 합니다. 다음은 학교와 학급관리 온라인 서비스를 통해 학생들의 원격 수업을 위한 준비를 안내한 실제 사례입니다. 각 학교와 학급 상황에 맞게 재구성하여 사용하면 됩니다.

학교 통신문 안내

새로운 수업 방식인 원격 수업을 통해 효과적인 교육을 진행하려면 인권이나 교육 활동 침해가 발생하지 않게 기본 예절을 지키도록 학생 노력과 학부모님의 관심과 협조가 필요합니다.

원격 수업 예절, 이렇게 실천해 주세요(학생 안내)

원격 수업 시 서로 존중하고 배려해요.

온라인 상에서 친구나 교사를 대상으로 험담이나 욕설을 하지 않아요.
글을 달기 전에 상대방의 기분을 상하게 하는 말인지 한 번 더 생각해요.
누구든 내가 한 말을 캡처할 수 있고, 한 번 뱉은 말은 주워 담기 어려우니 신중하게 생각하고 댓글을 달아요.
친구나 선생님의 평가를 나쁘게 하려고 온라인 게시판이나 채팅 창에서 진실 혹은 거짓 이야기를 퍼뜨리는 일은 하지 않아요.

다른 사람의 사진·영상은 당사자의 동의 없이 촬영하거나 퍼뜨리지 않아요.
친구나 선생님의 얼굴을 캡처하거나 합성하여 퍼뜨리지 않아요.

불법 영상물이나 선정·폭력적인 유해 콘텐츠는 절대 보지 않아요.
유해 콘텐츠로부터 나를 보호하기 위해 차단 소프트웨어나 앱을 꼭 설치해요.
개인정보 유포 등으로 피해가 발생하면 혼자 고민하지 않고 보호자나 선생님에게 도움을 요청해요.

원격 수업 예절, 이렇게 지도해 주세요(학부모 안내)

자녀의 원격 수업을 위한 환경을 만들어 주세요.
자녀와 스마트 기기 학습활용에 대한 약속과 규칙을 만들어 실천해 주세요.
원격 수업 관련 질문 및 문의는 학교교육활동 시간 내(8:40~16:40)에 해 주세요.
교사의 수업에 대한 정당한 절차를 밟지 않은 부당한 요구, 간섭 등을 자제해 주세요.

📖 학급 알림장 안내

온라인 수업은 학교 수업과 같습니다. 얼굴이 보이지 않는 공간이라고 함부로 행동하지 않고 좀 더 준비하고 노력해야 합니다.

시간 지키기	• 정해진 수업 시간에 수업에 참여하기 • 온라인 수업 참여는 각 가정에서 스스로 시간을 확인하고 참여해야 하기 때문에 스스로 시간 관리가 중요합니다.
바른 언어 사용	• 서로 예절을 지키고 존중하는 언어 사용하기 • 온라인 수업에서 말을 우리 반 전체가 모두 듣기 때문에 항상 예의 바른 언어를 사용합니다. • 온라인 수업은 얼굴을 직접 보는 것이 아니라 오해가 생기기 쉽습니다. 보다 명확한 단어를 사용하고 평소보다 더 친절한 말과 문장이 필요합니다.
선생님 수업 활동 집중하고 참여하기	• 온라인 수업의 장점은 스스로 공부하고 조사하고 친구들과 함께 공부할 수 있다는 점입니다. 선생님이 안내한 수업 내용을 성실하게 학습하고 해결하지 않으면 수업이 제대로 이루어질 수 없습니다.
서로 돕고 질문하기	• 모르는 내용을 꼭 질문해서 스스로 해결하는 데 도움을 얻어야 합니다. 선생님뿐만 아니라 모든 친구들이 배려하여 도움을 줄 수 있습니다. 학급 게시판이나 커뮤니티를 통해 어려운 점을 질문하고 친구 질문에 답변을 서로 해 주고 도와주며 발전할 수 있습니다.
법적 책임 이해하기	• 온라인 수업의 내용과 자료는 대부분 학교 활동으로만 허용된 자료들입니다. 마음대로 다른 곳에 유포하면 저작권법 위반으로 책임을 질 수 있습니다. 특히 친구들과 선생님 사진을 허락 없이 촬영, 캡쳐하여 유포하는 것은 심각한 법적 문제가 될 수 있습니다.

해외 온라인 수업 예절 소개

"We SHINE On Zoom"(줌 온라인 수업에서 빛나는 방법)은 학생들에게 온라인 수업의 참여 태도와 실천 방법을 그림과 표로 만들어 쉽게 전달한 사례입니다.

Safe 안전	Honest 정직	Integrity 성실	Nice to others 배려	Engaged 약속
Display your real name and photo 자신의 이름과 얼굴 정확히 표시하기	Do your own work 학습에 집중하기	Be prepared with needed materials 학습 준비 잘하기	Eat during break time 학습과 관련 없는 행동은 나중에 하기	Complete all your work 학습 끝까지 잘하기
Mute your microphone if not speaking 말하지 않을 때는 마이크 끄기	"Raise hand" if you want to speak 발표 질문은 손 들기	Use appropriate language & actions 적절한 말과 행동 하기	Be on time 시간 지키기	Find a quiet spot to work 조용한 공간에서 수업하기
Use the chat feature wisely 불필요한 채팅 삼가하기	It's ok to ask for help 문제 상황에서는 도움 구하기	Do what you're supposed to be doing, when you're supposed to be doing it 할 일을 정해진 시간에 하기	Encourage others 다른 사람 도와주기	Focus on the speaker 선생님께 집중하기

온라인 수업을 대비하는
학부모의 준비

학교 안내사항을 전달받는 학교통신 서비스나 학급관리 앱을 가정에서 원활하게 사용하려면 학부모의 도움이 필요합니다. 특히 학생 계정을 학교에서 수업에 활용하는 경우, 보호자인 학부모의 동의와 관리가 꼭 필요합니다. 학생 스스로 계정 로그인을 할 수 있도록 반복 연습, 비밀번호 메모 및 기억하는 훈련이 필요합니다. 이때 다음과 같이 온라인 수업 준비 체크리스트를 학부모에게 전달해서 자녀의 수업 준비에 도움을 줄 수 있습니다.

구분	자녀 온라인 수업 준비	확인 사항
수업 기기 준비	기본 스마트폰(안드로이드, 아이폰)	학교 문자나 안내를 직접 받을 수 있는 스마트폰 필요
	전용 학습기기(PC, 노트북, 태블릿, 크롬북)	학습 내용 이해와 정리를 위해 화면이 큰 PC나 노트북, 태블릿, 크롬북 추천
자녀 기기 관리	안드로이드 - 패밀리 링크	갤럭시, LG 등 스마트폰 학습 사용을 위한 자녀 관리 앱 설치 및 관리
	애플 맥 - 스크린 타임	아이폰, 아이패드, 맥 등 학습 사용을 위한 자녀 관리 앱 설치 및 관리
	윈도우 - 마이크로소프트 패밀리	컴퓨터 노트북 학습 사용을 위한 자녀 관리 앱 설치 및 관리

	구글	구글 클래스룸이나 구글 미트 준비
학생 계정	네이버	밴드 및 이메일 등록이 필요한 수업 준비
	카카오톡	카카오톡 학교 안내 및 학급운영을 위한 준비
	마이크로소프트(윈도우)	PC와 노트북을 사용하는 수업 집중을 위한 학습 외 사용 자녀 관리
온라인 도구 사용 연습	화상 회의 연습 (줌, 구글 미트, 마이크로소프트 팀즈)	실시간 온라인 수업 참여를 위한 연습
	가족 밴드	온라인 학급 참여를 위한 연습
	가족 캘린더 스케줄 공유	온라인 학급 커뮤니티 이용 연습
	클라우드 파일 공유	온라인 과제 제출 연습
추가 준비	무선 프린터(WiFi)	학생 스스로 수업 자료 출력할 수 있도록 준비

스마트폰, 태블릿, 아이패드, PC, 노트북 등 스마트 기기를 학습에 사용하기 위해 가장 먼저 해야 할 일이 부모님의 자녀 기기 관리입니다. 아무런 안전 조치 없이 학생들에게 스마트 기기를 주면 학습 외 용도로 써서 학습 집중도가 떨어지기 때문입니다. 특히 화면이 큰 PC, 노트북, 태블릿 등은 학습에 활용하기보다, 게임, 영상 시청 등 학습 이외에 사용하는 경우가 많습니다.

다음의 자녀 관리 프로그램들의 기능과 내용을 교사도 숙지하고 학부모에게 안내해 줄 필요가 있습니다. 가정에서 자녀의 스마트 기기 관리가 이루어지면 학교에서도 학습용 기기 사용을 안심하고 활용할 수 있습니다.

📖 구글 패밀리 링크

· 접속 주소: families.google.com/familylink

구글 패밀리 링크^{Google Family Link}는 안드로이드 스마트폰과 태블릿(갤럭시, LG폰, 갤럭시 탭 등) 자녀 기기를 부모가 관리하는 모니터링 앱입니다. 가족 간 유료 앱과 콘텐츠를 공유할 수 있으며 자녀 앱에서 설치 가능 여부를 정하거나, 사용 시간을 제한하고 기기 잠금, 자녀 위치 확인도 가능합니다.

처음 설정 시 가족 그룹을 구성합니다. 가족 그룹은 6명(부모 2명 + 자녀 4명)까지 구성 가능하며, 가족 그룹에는 그룹 관리자 1명과 부모 2명을 지정해 자녀를 공동으로 관리할 수 있습니다. 가족 그룹 구성과 탈퇴는 1년에 1회만 가능하므로 신중하게 구성해야 합니다.

사용 방법

① 부모 스마트폰 및 자녀 스마트폰 2개를 준비하고, 부모 계정과 자녀 계정을 각각 개설한 후 가족 그룹을 만듭니다.

② 부모 스마트폰에는 부모님용 패밀리 링크 앱을 설치하고, 자녀 스마트폰에는 어린이/청소년용 패밀리 링크 앱을 설치합니다.

③ 부모님 스마트폰의 앱에서 3자리 일련 번호를 받은 후 자녀 스마트폰에서 입력합니다. 두 스마트폰 앱을 동기화하면 부모님이 자녀 스마트폰을 관리하게 됩니다.

애플 스크린 타임

- 접속 주소: support.apple.com/ko-kr/HT201088

애플 스크린 타임Apple Screen Time은 애플 기기(아이폰, 아이패드, 맥북, 아이맥 등)를 사용하는 계정에서 가족 공유를 통해 자녀 기기를 부모가 관리할 수 있는 모니터링 기능입니다. 자녀 계정 스크린 타임 원격 권한 설정, 구입 요청 기능, 자녀 지출 및 다운로드 승인 등의 기능을 지원합니다. 특히 자녀가 애플워치를 사용한다면 애플 계정을 연결하면 유용합니다. 애플 운영체제 기본 기능으로, 구글의 패밀리 링크에 비해 앱 설치 및 설정이 간편합니다. 다만 시스템 자체 기능으로 삭제 불가능하며, 백도어 요소 발생 시 업데이트로 차단됩니다.

처음 설정 시 가족 그룹을 구성합니다. 가족 공유 시 최대 6명 가족 구성원이 앱스토어 구입 항목, 구독, 저장 공간, 요금제를 공유합니다. 자녀의 스마트폰 중독 방지를 위한 시간 제한과 부모의 모니터링이 목적이지만, 스마트폰에 시간을 낭비하는 성인에게도 도움이 됩니다.

사용 방법

① 부모 아이폰에서 [설정 → 스크린 타임]을 선택합니다. 나의 기기 또는 자녀 기기를 선택합니다.

② 스크린 타임 세부 설정 항목은 다음과 같습니다.

- **다운타임**: 스크린 타임이 가동되지 않는 시간
- **앱 시간 제한**: 앱별로 일일 사용 시간 제한
- **커뮤니케이션 제한**: 전화, 페이스타임, 메시지, 연락처 등 지정된 시간만 사용(긴급전화 제외)
- **콘텐츠 및 개인정보 보호 제한**: 부적절한 콘텐츠, 구입 및 다운로드 차단

📖 윈도우 마이크로소프트 패밀리

- 접속 주소: account.microsoft.com/family

마이크로소프트 패밀리^{Microsoft Family}는 윈도우 기기(윈도우10 PC, XBOX)나 안드로이드를 사용하는 계정에서 가족 공유를 통해 자녀 기기의 활동을 부모가 관리하고 모니터링할 수 있는 기능입니다. 화면에 시간 제한을 설정할 수 있고, 인터넷 사용 기록을 확인하거나 부적절한 콘텐츠를 차단하는 데 유용합니다. 위치 추적을 지원하며 마이크로소프트 365(온라인 구독 기반의 마이크로소프트 오피스 프로그램) 앱 및 저장소뿐 아니라 가족 계획 행사나 약속를 정리할 필기장도 공유할 수 있습니다. 자녀 관리를 위한 다양한 프로그램들이 많이 있지만 메모리에 상주하면서 PC 속도를 느리게 하고 리소스를 잡아 먹는 괴물이 많습니다. 특히 설치와 삭제가 어려운 앱도 많고 비밀번호 관리도 어려워 문의가 많습니다. 마이크로소프트 가족 기능은 윈도우 운영체제 자체에서 관리되는 기능으로 느려짐 없이 관리가 쉽습니다. 게다가 안드로이드 폰에 MS 런처를 설치하면 폰으로 관리하기도 간편하며 메일이나 마이크로소프트 계정으로 자녀 관리가 쉬워 추천합니다.

사용 방법

① 마이크로소프트 계정에 로그인하고 가족 구성원을 추가합니다.

② [자녀]와 [성인]을 선택하고 추가하려는 사람 이메일 주소나 휴대폰 번호를 입력해 초대합니다(자녀 이메일 계정 및 휴대폰 번호가 없는 경우 자녀용으로 새 계정을 만듭니다).

③ 초대를 수락하면 자녀 계정의 보호자 통제를 설정합니다.

4장

효율적인 온라인 수업
진행을 위한 교육

온라인 수업을 구성하고
학생들이 참여할 수 있도록
알림을 전달할 일도 많은데요.
이 모든 걸 한 번에 해결할 수 있는
온라인 수업도구가 있나요?

아쉽게도 구글 클래스룸과 마이크로소프트 팀즈
이외에는 거의 없습니다. 이 두 앱도 모든 기능을
가지고 있지는 않기 때문에 온라인 교육 도구를
분석해서 최소 두세 개 도구를 함께 사용해야 합니다.

온라인 수업도구를 학급관리, 수업관리,
화상 수업, 협업 문서, 학습 피드백 5가지로
구분해서 특징을 알아보고 학년 선생님들과 함께
의견을 나누어 학교 실정에 맞는 도구를 선택해서
협업하기를 추천합니다.

학교의 모든 수업이 온라인으로 진행된다면 실시간 화상 수업뿐만 아니라 다음과 같은 많은 기능이 있는 교육 플랫폼이 필요합니다. 실시간 화상 수업 서비스에서도 점점 다음의 학교에 필요한 기능들을 추가하여 종합 온라인 서비스로 발전할 것입니다. 아직 학교와 학급에서 필요한 기능을 모두 가지고 있는 온라인 교육 서비스가 없기 때문에 필요한 기능을 외부 서비스와 연계해서 사용해야 합니다. 줌과 같이 온라인 화상 서비스를 이용한 수업과 함께 할 수 있는 온라인 교육 서비스를 기능과 종류별로 보기 쉽게 정리했습니다. 아울러 새로운 온라인 서비스를 소개하고 나에게 필요한 기능에 맞는 서비스인지 분석하기 쉽도록 필요한 체크리스트를 첨부했습니다.

학교와 학급에서 필요한 온라인 교육 기능 체크리스트

학교와 학급에서 필요한 온라인 교육 플랫폼의 기능과 세부 서비스 분석을 하면 크게 학급관리, 수업관리, 화상 수업(그룹 토의·토론), 협업 문서 작성 및 파일 공유, 학습 피드백, 기타 수업 기능 보조입니다. 현재는 각 서비스별로 분리되어 있지만 점점 온라인 학교가 활성화될수록 모든 서비스들이 기능 추가를 통해 점점 일체화된 플랫폼으로 진화하게 될 것입니다.

기능	설명	세부 서비스
학급관리	학교 학급 알림사항, 학급 경영, 학습 참여	공지사항 전달, 통신문, 설문, 학습 콘텐츠 안내, 과제 배부 수집
수업관리	수업 구성, 학습 참여 데이터수집, 시간 트래킹, 학습 결과, 통계 관리	수업별 안내, 교수자 수업설계, 학습 관리, 수업 지원 도구, 학습 플랫폼 데이터 연계 / 플랫폼 관리, 수업 이탈자 관리
화상 수업 (그룹 토의·토론)	영상 음성을 통한 수업 진행 수업 영상 녹화, 다양한 수업도구를 이용하여 그룹 토의·토론	온라인 세미나 실시간 교육, 플립 러닝 수업 전-중-후 관리 지원, 사용자 학습 진행 상황 확인, 화면 녹화, 학습 이력 관리 피드백, 영상 화면 분할 구성 영상 토론방, 교수자 모니터링 소통, 학습자 그룹핑, 그룹 간 토론

협업 문서 작성 및 파일 공유	수업 중 문서 협업 공유, 시뮬레이션, 팀 프로젝트 학습 진행	동영상, 사진, 수업 자료 공유, 문서 편집 및 판서 기능, 화면 공유
학습 피드백	화면 및 파일 공유, 설문, 퀴즈, 학습지 기능을 통한 학습자 성취도 피드백, 채팅 및 질문 피드백	발표 내용 피드백, 학습 결과 분석 데이터 개인별 피드백, 협업 과제, 강의 녹화 자료, 참여도 분석
기타 수업도구	대형 화면 교실 수업, 실시간 화상 수업에 필요한 화면 설명 이해 도구	달력 / 시계, 타이머 / 스톱워치, 화면 확대·축소, 마우스 커서 확대·축소, 글씨 쓰기 / 그림 그리기, 화면 저장 / 화면 영상 녹화

다음은 학교와 학급에서 필요한 온라인 교육 기능을 토대로 정리한 체크리스트입니다. 온라인 수업 서비스를 분석하고 정리할 때, 마지막으로 넣어 쉽게 기능과 장단점을 이해할 수 있도록 구성했습니다. 온라인 수업을 위해 선생님들이 자주 사용하는 기능을 표로 만들어 한눈에 필요한 기능을 알아볼 수 있도록 서비스마다 첨부합니다. 현재 학교에서 필요로 하는 온라인 기능을 나열해서 정리해 보면 다음과 같이 크게 5가지로 분류할 수 있습니다.

온라인 수업도구 5가지 분류

학급관리 수업관리 화상 수업
(그룹 토의) 협업 문서 학습 피드백

구분	세부 기능	기능 구현
학급 관리	학급 알림장	
	커뮤니티 게시판(확인 참여 통계)	
학급 관리	1:1 메시지	
	문자 메시지 / 전화 통화 기능	
수업 관리	출석 체크 통계	
	과제 제공 / 수합(파일 공유)	
	콘텐츠 제시(영상, 음성, 문서 첨부 파일 링크)	
	학습 이력 / 진행 상황 / 피드백	
	학습 결과 분석 및 통계	
화상수업 (그룹 토의·토론)	1:1 및 1:다수(최대 인원수)	
	화상 회의 지속 시간(제한 시간)	
	웹 회의(전용 프로그램 없이 접속 가능 여부)	
	수업 녹화	
	영상 화면 분할 / 학생 화면 배치	
	학생 참여 트래킹(출석 학생 참여 데이터 저장)	
	전체 회의 – 그룹 회의(소모임 전환)	
	보안(접속 비밀번호)	
협업 문서 작성 및 파일 공유	다수 인원 동시 접속 문서 편집	
	다수 인원 그리기	
	각자 과제 제시(사진 영상 문서) 재배치	
학습 피드백	발표(피드백 통계)	
	설문(피드백 통계)	
	퀴즈(통계 순위 개별 피드백)	
	학습지(개별 피드백 통계)	
기타 수업 도구	달력 / 시계	
	타이머 / 스톱워치	
	화면 확대·축소	
	마우스 커서 확대·축소	
	화면 위에 글씨 쓰기 / 그림 그리기	
	화면 저장 / 화면 영상 녹화	

온라인 교육
플랫폼 소개

학교에서 필요로 하는 온라인 수업도구를 5가지 분야로 분류하고 비슷한 기능을 가진 서비스별로 온라인 교육 플랫폼을 정리하였습니다.

온라인 수업도구

학급관리	수업관리	화상 수업	협업 문서	학습 피드백	기타 도구
클래스123 하이클래스 클래스팅 위두랑 밴드 카카오톡	구글 클래스룸 마이크로소프트 팀즈 e학습터 EBS 온라인 클래스	줌 구글 미트 마이크로소프트 팀즈 온더라이브	구글 문서 / 구글 드라이브 / 구글 잼보드 파워포인트 / 원드라이브 / 원노트 패들렛 비캔버스	구글 프레젠테 이션 구글 설문 스웨이 / 마이크로 소프트 폼즈 멘티미터 / 니어팟 슬라이도 / 카훗 / 퀴즐렛 / 띵커벨 / 클래스카드 / 퀴즈앤 라이브 워크시트 / 티처메이드 / 북위젯	구글 클래스룸 스크린 아이캔스크린 줌잇 클래모 윈도우10 스티커 메모 / 캡쳐 도구 / 화면 녹화

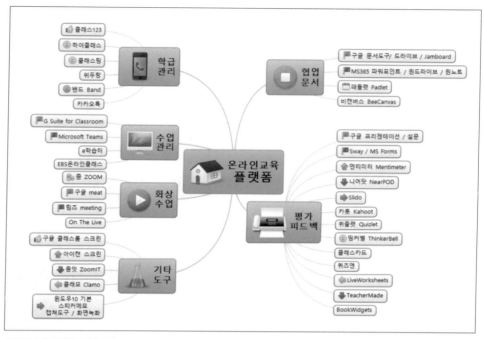

온라인 교육 플랫폼 마인드맵

학교 차원의 학급관리(학사관리)와 수업관리를 통합한 시스템을 구축하려면 많은 학교들은 기존 홈페이지 관리처럼 교육청 차원의 지원이 필요합니다. 그리고 2020년 이전까지는 없었던 실시간 화상 수업 및 협업, 피드백 기능까지 포함한 온라인 교육 플랫폼이 출현하게 될 것입니다.

교육부나 교육청 차원에서 e학습터와 EBS 온라인 클래스를 임시방편으로 사용하고 있지만 NEIS 시스템과 같은 국가 차원의 학사, 수업(실시간 수업 기능 표함) 관리 플랫폼이 개발되기 전까지 온라인으로 학교의 모든 기능을 수행하기 위해서는 필요한 기능이 있는 여러 개의 온라인 서비스를 사용하는 수밖에 없습니다. 따라서 당분간은 학교에 필요한 기능이 있는 서비스를 분석하고 사용하는 교사의 퍼실리테이터Facilitator 역할이 중요합니다.

📖 학급관리 서비스 추가 확인 사항

아무리 좋은 온라인 교육 플랫폼이라도 접속에 문제가 있으면 학급관리에 큰 피해가 발생합니다. 만일의 상황을 대비하여 한 가지 서비스에 의존하지 않고, 플랜 B를 준비해야 합니다.

다음은 2020년 3월부터 현재까지 제가 여러 플랫폼을 직접 사용하면서 문제가 생긴 빈도와 업데이트, 일반적인 평가를 종합하여 다음과 같이 A, B, C로 평가 기준을 마련했습니다. 뒤에서 소개할 각 플랫폼도 이 기준에 따라 평가한 표를 첨부합니다.

온라인 학급관리 서비스 선택을 위한 서비스 체크

평가	교육 서비스 평가	기능 보완 업데이트	네트워크 접속 관리
A	교육적 활용 및 기여도 높음	수시로 기능 보완 업데이트	안정적인 운영
B	교육적 활용 가능	1년에 2회 이상 기능 보완	다수 접속 시 장애 가능성
C	일반인과 학생 섞여 주의 필요	유지 관리 중	수시로 장애 발생

학급관리 온라인 서비스
(학급 학습 커뮤니티)

학급관리는 학교에서 손쉽게 운영하는 학교 홈페이지가 역할을 해야 하지만, 게시판 위주의 단순한 알림 기능을 하는 곳이 많고, 시도 교육청별로 통합 관리하고 있어 학교만의 특색 있는 온라인 교육을 진행하기에는 한계가 있습니다. 또한 모바일 알림 기능이 없기 때문에 학교 문자 연동 시스템이나 SNS를 이용하는 학교가 많고 단순한 알림과 설문 기능이 있는 외부 프로그램을 사용합니다. 학교에서 사용하는 알림과 설문 기능 외에 학급운영과 온라인 수업 관련 문자, 음성, 영상, 파일을 전달할 수 있는 플랫폼이 학급관리 온라인 서비스입니다.

기존 온라인 학교 시스템은 대부분 학급 및 수업관리에 많이 쓰였습니다. 하지만 줌으로 화상 수업을 많은 분들이 시작한 요즘에는 줌에서 학급 및 수업관리를 할 수 있는 Zapps(잽스) 생태계로 발전해 나가고 있습니다. Zapps란 줌과 다른 인기 앱(드롭박스나 카훗 등)을 한데 모아 보여 주는 서비스로, 줌 회의 중에도 문서 공유나 메모 등 다른 앱의 기능을 편리하게 사용할 수 있습니다.

클래스123

- 접속 주소: class123.ac

Class123

클래스123^{Class123}은 온라인 칭찬 카드를 이용해 학생과 소통하고 다양한 수업도구를 갖춘 온라인 학급 경영 서비스입니다. PC 기반이지만 모바일 앱 구성으로 교실이나 가정에서 모두 활용하기 좋습니다. 순수한 교육용 학급관리 서비스로 학생들의 생활관리나 수업관리에 적합합니다. 교사나 학생, 학부모 모두 무료로 사용할수 있으며 학부모 서비스만 하루 1개 정도의 광고가 있습니다. 학교 알림장 서비스로 유명한 스타트업 아이엠스쿨을 NHN EDU에서 인수하여 안정적으로 운영되는 편입니다.

판서, 발표 추첨, 타이머, 초시계, 알람, 출석/집중 벨 등 교실 활동에 필요한 도구를 제공하며, 온라인 수업 영상을 첨부하거나 링크를 전달하여 수업에 활용할 수있습니다. 온라인 수업 게시판에서 출석 및 첨부 파일 여부로 통계를 낼 수 있습니다. 또한 알림장, 1:1 메시지, 커뮤니티 게시판을 이용해 학생 및 학부모와 소통하기 편리하다는 장점도 있습니다.

학급관리 수업도구로서 클래스123의 가장 큰 장점은 온라인 칭찬(으쓱카드)과 경고(머쓱카드)를 할 수 있는 점입니다. 칭찬 수를 학급 온도계로 표시하여 목표 관리로 활용할 수도 있습니다. 그 외에도 학급에서 사용할 수 있는 다양한 도구가 있는데, 그중 수업 시간에 가장 많이 사용하는 기능이이 발표할 학생을 선정하는 학생랜덤 뽑기입니다. 학생 랜덤 뽑기는 학생 섞기, 그룹 뽑기, 우리반 룰렛, 사다리 타기 등이 있습니다.

클래스123 랜덤 뽑기 화면

사용 순서

① 교사는 구글 플레이 스토어나 애플 앱스토어에서 앱을 다운로드하고 회원가입한 후 학급

을 구성합니다.

② 학생과 학부모를 초대하고 학생 코드와 부모님 코드를 학생과 학부모에게 전달합니다.

③ 학생과 학부모는 앱을 설치하고 선생님에게서 받은 코드를 입력한 후 가입합니다.

클래스123 접속 화면

구분	세부 기능	기능 구현
학급 관리	학급 알림장	○
	커뮤니티 게시판(확인 참여 통계)	○
	1:1 메시지	○
	문자 메시지 / 전화 통화 기능	×
수업 관리	출석 체크 통계	○(미션 게시판 활용)
	과제 제공 / 수합(파일 공유)	○
	콘텐츠 제시(영상, 음성, 문서 첨부 파일 링크)	○(온라인 수업 영상 게시판)
	학습 이력 / 진행 상황 / 피드백	○
	학습 결과 분석 통계	×

교육 서비스 평가	기능 보완 업데이트	네트워크 접속 관리
A 교육적 활용 및 기여도 높음	C 유지 관리 중	A 안정적인 운영

📖 하이클래스

· 접속 주소: www.hiclass.net

Hi Class

하이클래스^{HiClass}는 모바일 알림장 및 커뮤니티 학급관리 온라인 서비스입니다. 서비스를 학교 홈페이지와 연동해 학교 공지사항과 학급 커뮤니티 서비스를 기본으로 제공하며 모바일 기반이지만 PC 접속도 가능합니다. 모바일 앱과 더불어 통화 기능까지 있어 교사 개인정보 보호 효과가 있습니다. 학교 관련 서비스를 위해서는 교사 유료 결제가 필요합니다.

판서, 발표 도우미 추첨, 타이머, 초시계, 알람, 소음 신호 등 교실 활동에 필요한 도구를 제공합니다. 아이스크림 스튜디오(www.i-scream.co.kr)를 통해 교사 PC를 하이클래스로 보여 주며 온라인 수업을 진행하며, 과제 게시판 출석 및 첨부 파일 제시 여부로 통계를 낼 수도 있습니다. 학교 공지사항 전달, 알림장, 1:1 메시지, 커뮤니티 게시판을 이용해 학생과 학부모에게 학교 알림을 전달하고 하이톡, 하이콜이라는 앱 전용 전화 및 문자 메시지(SMS) 기능을 이용해 소통하기 편리합니다.

사용 순서

① 교사는 구글플레이 스토어나 애플 앱스토어에서 앱을 다운로드하고 유료로 회원가입 후 학급을 구성합니다. 교사가 학급을 구성하지 않으면 해당 학교에 공개된 공지사항, 급식 메뉴 등 일반적인 알림만 공유할 수 있습니다.

② 학생은 아이디를 등록하고 전달받은 학급 코드를 입력합니다. 학급 코드가 없다면 학교를 검색해서 직접 접속해서 가입합니다.

하이클래스 접속 화면

하이클래스 온라인 수업 서비스 분석

구분	세부 기능	기능 구현
학급 관리	학급 알림장	○
	커뮤니티 게시판(확인 참여 통계)	○
	1:1 메시지	○
	문자 메시지 / 전화 통화 기능	○
수업 관리	출석 체크 통계	○
	과제 제공 / 수합(파일 공유)	○
	콘텐츠 제시(영상, 음성, 문서 첨부 파일 링크)	○ (아이스크림 자체 콘텐츠)
	학습 이력 / 진행 상황 / 피드백	○
	학습 결과 분석 통계	×

교육 서비스 평가	기능 보완 업데이트	네트워크 접속 관리
A 교육적 활용 및 기여도 높음	B 1년 2회 이상 기능 보완	B 다수 접속 시 장애 가능성

📖 클래스팅

• 접속 주소: classting.com

클래스팅Classting은 학교 공지사항, 학급 학생 커뮤니티를 구성하여 학생, 학부모와 소통하는 데 최적화된 학급 SNS입니다. 출석부, 자가진단현황, 보조 학습 도구(판서, 타이머), 학급 교류 기능을 지원합니다. 과제 게시판 출석 및 첨부 파일 제시 여부로 통계를 낼 수도 있습니다. 학교 전체에서 사용할 경우 알림, 설문 기능도 쓸 수 있습니다. 무료 콘텐츠, 저작 도구, 수업 자료 및 과제 제작 등 AI 콘텐츠까지 지원되며 자동 채점, 통계 리포트, 학생별 수준 분석 개별 지도 등 AI를 활용한 학습 서비스가 유용합니다.

다만 클래스123이나 하이클래스처럼 학급관리적 측면보다 소통 SNS 기능이 더 강합니다. 교사와 학생, 학부모 무료 사용이 가능하지만 학부모 사용 시 광고가 있고 학습 AI서비스 등은 유료화가 진행 중입니다. 카카오톡과 밴드에 비해 교육적 보호 효과가 있어 부작용이 적으며 학급 SNS 기능으로 실시간 소통에 강하지만 교사가 관리해야 하는 사항이 많아 일부 선생님들에게는 부담이 되기도 합니다. 사용자가 급증하여 학생들 접속이 갑자기 집중되는 주말과 연휴 뒤에 서비스 장애가 있는 편입니다.

사용 순서

① 교사는 구글 플레이 스토어나 애플 앱스토어에서 앱을 다운로드하고 회원가입합니다.

② 클래스를 개설한 후 학급 학생 및 학부모를 클래스 구성원으로 초대합니다.

③ 학생 및 학부모가 가입에 동의하고 접속합니다.

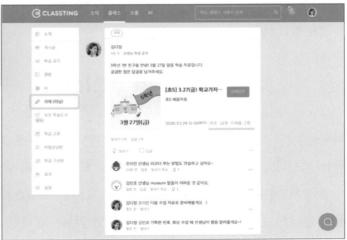

클래스팅 소개 화면

구분	세부 기능	기능 구현
학급 관리	학급 알림장	○
	커뮤니티 게시판(확인 참여 통계)	○
	1:1 메시지	○
	문자 메시지 / 전화 통화 기능	○
수업 관리	출석 체크 통계	○(출석부 기능)
	과제 제공 / 수합(파일 공유)	○
	콘텐츠 제시(영상, 음성, 문서 첨부 파일 링크)	○(온라인 수업 영상 게시판)
	학습 이력 / 진행 상황 / 피드백	○
	학습 결과 분석 통계	○

교육 서비스 평가	기능 보완 업데이트	네트워크 접속 관리
A 교육적 활용 및 기여도 높음	A 수시로 기능 보완	B 다수 접속 시 장애 가능성

📖 위두랑

• 접속 주소: rang.edunet.net

위두랑WeDoRang은 한국교육학술정보원KERIS에서 제공하는 교실 수업 기반 온라인 학습 커뮤니티 및 SNS 플랫폼입니다. 소식, 모둠 과제방, 알림장, 사진 및 영상 공유방 등의 메뉴가 있으며, 일정, 시간표, 전달사항, 포트폴리오, 과제 게시판, PDF 출력 등 교실 활동에 필요한 도구를 갖추었습니다. 온라인 수업 과제방에서 영상을 첨부하고 링크를 제시하여 수업관리에 활용하며 출석 및 첨부 파일 제출 여부로 통계를 낼 수도 있습니다. 톡톡 대화방을 이용한 학생 및 학부모 소통도 가능합니다.

과거 온라인 수업을 대비하지 못한 디지털 교과서와 함께 사용하려고 구축되었으며 기능과 첨부 파일 용량을 개선하는 중입니다. 교육 친화적 서비스로 학교, 학급, 학습용 커뮤니티로 사용하기 편리합니다. 업로드 제한이 많고 오류 대처 및 보완이 늦어 주말이나 문제 발생 시 복구가 늦는 단점이 있습니다.

사용 순서

① 구글 플레이 스토어나 애플 앱스토어에서 앱을 다운로드합니다. 교사 에듀넷 아이디로 위두랑에 로그인하고 클래스를 개설합니다.

② 학생을 초대합니다. 에듀넷 아이디로 가입하고 자신의 클래스를 찾아 참여합니다.

위두랑 접속 화면

위두랑 온라인 수업 서비스 분석

구분	세부 기능	기능 구현
학급 관리	학급 알림장	○
	커뮤니티 게시판(확인 참여 통계)	○
	1:1 메시지	○
	문자 메시지 / 전화 통화 기능	×
수업 관리	출석 체크 통계	○(과제방)
	과제 제공 / 수합(파일 공유)	○
	콘텐츠 제시(영상, 음성, 문서 첨부 파일 링크)	○(과제방)
	학습 이력 / 진행 상황 / 피드백	○
	학습 결과 분석 통계	×

교육 서비스 평가	기능 보완 업데이트	네트워크 접속 관리
A 교육적 활용 및 기여도 높음	C 유지 관리 중	B 다수 접속 시 장애 가능성

밴드

- 접속 주소: band.us

밴드Band는 네이버의 폐쇄형 소셜 네트워크 서비스로 원래 주로 스터디, 동호회 등 주제별 모임에 쓰였습니다. 코로나19로 인해 많은 교육 서비스가 과부하로 연결이 되지 않을 때에도 밴드는 정상적으로 작동하여 학급관리에 대체 서비스로 많이 사용되었습니다.

출석 체크, 일정, 시간표, 전달사항, 포트폴리오, 과제 게시판 운영 등 교실 활동에 활용할 수 있습니다. 사진과 영상(1시간 분량 가능) 등 수업 자료를 다른 밴드에 올려서 외부에 공유할 수 있으며, 대화방, 1:1 채팅, 비밀 댓글, 댓글을 이용해 학생 및 학부모와 신속하게 소통하기도 편리합니다. 특히 미션을 설정해 글쓰기 등 과제를 수행하고 진도율을 확인할 수 있으며, 밴드 라이브를 이용하면 실시간 수업에 활용할 수 있습니다.

누구나 사용 가능한 유명 플랫폼이며 중·고등학교 학생들의 접근성 역시 높지만, 카카오톡에 비해 폐쇄적이어서 일반인과 분리하여 교육 용도로 쓰기 편리합니다. 하지만 교사가 개인적으로도 밴드를 쓰고 있다면 수업에 활용 시 교사의 사생활 노출 가능성이 있어 신중한 선택이 필요합니다.

사용 순서

① 구글 플레이 스토어나 애플 앱스토어에서 앱을 다운로드합니다. 밴드를 개설하고 학생과 학부모에게 초대 코드를 발송합니다.

② 학생과 학부모도 밴드에 가입합니다.

밴드 접속 화면

구분	세부 기능	기능 구현
학급 관리	학급 알림장	○
	커뮤니티 게시판(확인 참여 통계)	○
	1:1 메시지	○
	문자 메시지 / 전화 통화 기능	×
수업 관리	출석 체크 통계	○
	과제 제공 / 수합(파일 공유)	○
	콘텐츠 제시(영상, 음성, 문서 첨부 파일 링크)	○
	학습 이력 / 진행 상황 / 피드백	○(미션 글쓰기 영상 진행 상황)
	학습 결과 분석 통계	×

교육 서비스 평가	기능 보완 업데이트	네트워크 접속 관리
B 교육적 활용 기능	B 1년에 2회 이상 기능 보완	A 안정적인 운영 경험

📖 카카오톡

- 접속 주소: www.kakaocorp.com/service/KakaoTalk

국민 메신저 카카오톡[KakaoTalk]의 그룹 채팅과 오픈 채팅 기능으로 학급 구성원을 모아 학급관리 및 콘텐츠 제공이 가능합니다. 입퇴장 알림 기능, 투표 기능, 출석 체크, 톡 캘린더, 톡 게시판을 교실 활동에 활용할 수 있습니다. 사진 및 영상 파일로 된 수업 자료를 외부에 공유하기도 편리하고 단체 대화방, 1:1 채팅을 이용해 학생 및 학부모와 소통하기도 용이합니다. 또한 카카오TV 라이브 방송과 결합한 오픈 채팅으로 쌍방향 수업에 활용할 수 있습니다.

실시간으로 안정적인 서비스를 제공하고 사용하기 편리하지만 교사와 학생의 사생활 침해 및 노출 우려가 있고, 특히 학생 교육 활동이 가정 생활과 연동되므로 각별한 주의가 필요합니다. 중·고등학생 실시간 학급관리 및 공지사항 전달 위주로 사용됩니다. 카카오톡을 학급관리 용도로 쓰는 경우 학생 간의 대인 관계, 언어 폭력 등 사전 교육이 매우 중요합니다.

사용 순서

① 구글 플레이 스토어나 애플 앱스토어에서 앱을 다운로드하고, PC 버전도 설치합니다. 학급 채팅방을 개설합니다.

② 학생들을 초대합니다.

카카오톡 오픈 채팅 소개 화면

카카오톡 온라인 서비스 분석

구분	세부 기능	기능 구현
학급 관리	학급 알림장	○
	커뮤니티 게시판(확인 참여 통계)	○
	1:1 메시지	○
	문자 메시지 / 전화 통화 기능	×
수업 관리	출석 체크 통계	○
	과제 제공 / 수합(파일 공유)	×
	콘텐츠 제시(영상, 음성, 문서 첨부 파일 링크)	○
	학습 이력 / 진행 상황 / 피드백	×
	학습 결과 분석 통계	×

교육 서비스 평가	기능 보완 업데이트	네트워크 접속 관리
B 교육적 활용 기능	A 수시로 기능 보완 업데이트	A 안정적인 운영 경험

📖 학급관리 온라인 서비스 비교 분석

온라인 학급관리에 있어 학교나 학급의 전달사항 및 설문과 더불어 학급 구성원의 의견을 교환하고 격려하는 등 정서 관련 활동이 꼭 필요합니다. 특히 초등학교는 온라인 인터넷 SNS 예절을 처음으로 익힐 수 있는 공간이기 때문에 카카오톡, 밴드처럼 일반인이 많이 사용하는 서비스는 추천하기 힘듭니다. 다만 교육적으로 제작된 학급관리 온라인 서비스는 다수 인원이 접속할 때 오류나 끊김이 발생하는 경우가 많기 때문에 항상 차선책을 준비해야 합니다. 학급운영을 위한 온라인 서비스를 선택할 때는 기능과 안정성을 함께 생각하세요.

온라인 학급관리 서비스 비교

구분	세부 기능	클래스 123	하이클래스	클래스팅	위두랑	밴드	카카오톡
학급관리	학급 알림장	○	○	○	○	○	○
	커뮤니티 게시판(확인 참여 통계)	○	○	○	○	○	○
	1:1 메시지	○	○	○	○	○	○
	문자 메시지 / 전화 통화 기능	×	○	○	×	×	×
수업관리	출석 체크 통계	○	○	○	○	○	○
	과제 제공 / 수합(파일 공유)	○	○	○	○	○	×
	콘텐츠 제시 (영상, 음성, 문서 첨부 파일 링크)	○	○	○	○	○	○
	학습 이력 / 진행 상황 / 피드백	○	○	○	○	○	○
	학습 결과 분석 통계	×	×	○	×	×	×
운영안정성	**교육 서비스 평가**	A	A	A	A	B	B
	기능 보완 업데이트	C	B	A	C	B	A
	네트워크 접속 관리	A	B	B	B	A	A

수업관리 온라인 서비스
(학습관리 시스템)

수업관리는 원격 연수, 이러닝 시스템에서 발전되었으며 우리나라 학교 실정에 맞는 학습관리 시스템은 부족합니다. 수업관리와 연계된 앱이 가장 많은 구글도 한국 콘텐츠가 전혀 없기 때문에 학교 현장에 적용하려면 많은 교사의 학습 자료 구성이 필요합니다.

바로 이 점이 현재 국가 차원의 지원이 가장 시급한 분야라고 볼 수 있습니다. NEIS처럼 온라인 업무를 위해 개발된 시스템밖에 없고 e학습터는 콘텐츠나 접속 인원 제한이 심하여 임시로 EBS 콘텐츠를 TV와 온라인으로 제공하고 있습니다. 이마저도 구글과 MS 플랫폼을 교육 분야에 적용한 시스템 이외에는 접속 안정성이 떨어져 조금만 사용자가 몰려도 시스템 활용이 어려운 경우가 있습니다.

교육청 차원에서 구글, MS 서비스는 무료로 사용할 수 있도록 조치한 곳이 많지만 급하게 도입되어 시스템 환경 조성 연수가 되지 않은 게 현실입니다. 또 교사와 학생 계정관리가 복잡하여 적극적으로 학교에 도입되지 않고 있습니다. 그래서 학교나 학급별로 각기 다른 학급, 학사관리 및 수업관리, 화상 수업서비스를 별도로 사용하는 경우가 많습니다.

학급관리와 수업관리 온라인 서비스는 학교별, 최소 학년별로 동일하게 선택해야 학생들의 온라인 가입을 최소화할 수 있어 수업의 효율성이 높기 때문에 온라인 서비스 플랫폼 선택이 중요합니다.

📖 구글 G Suite for Education, 클래스룸

- 접속 주소: edu.google.com/products/gsuite-for-education

  classroom.google.com

G Suite for Education

G Suite for Education 및 클래스룸Classroom은 교실에서 사용할 수 있도록 구성된 구글의 온라인 교육용 공동작업 및 생산성 도구입니다. G Suite for Education은 구글 클래스룸, 구글 드라이브, 구글 문서, 구글 스프레드시트, 구글 슬라이드(프레젠테이션), 구글 미트, 잼보드 등으로 이루어져 있습니다. 지메일 계정을 중심으로 수업 관리가 가능하며, 지메일뿐 아니라 구글 미트와 구글 챗을 이용해 신속하게 소통하고 문서 도구나 캘린더, 구글 킵 메모로 언제 어디서나 실시간으로 구성원이 협업하여 작업을 정리할 수 있습니다.

구글은 교육기관에 공동 작업 및 생산성 앱을 교육을 위해 무료로 제공합니다. 교육청이나 학교 차원에서 G Suite for Education을 쓰려면 학교 도메인을 관리하는 최고 관리자가 서비스 사전 작업을 해야 합니다. 학생과 교사 계정을 학교에서 관리하며, 학생에게 보호자 도움 없이 교육 이메일을 제공하고 관리할 수 있어 온라인 교육의 기본이 되는 서비스입니다. 하지만 솔루션 도입에 앞서 전체 교사 연수 및 업무 분장이 이루어져야 하기 때문에 교사의 업무가 과중해지거나 학교 구성원 간에 협의가 되지 못해 쓰기 어려워지는 경우도 많습니다.

구글의 크롬 브라우저로 기본 작동하기 때문에 PC, 맥, 노트북, 태블릿, 스마트폰 모든 기기에서 사용하기 편리한 장점이 있습니다. 다만 적극적인 활용을 위해서는 되도록 화면이 크고 키보드나 펜 입력이 되는 노트북(크롬북)이나 태블릿을 추천합니다.

사용 순서

① 교사가 구글 플레이 스토어나 애플 앱스토어에서 G Suite for Education을 구성하는 각 앱을 다운로드한 후 구글 클래스룸에서 학급을 구성합니다.

② 학교에서 학생 지메일 계정을 만들고 각자 로그인합니다. 학교 도메인 관리자의 협조 관리자 계정 인증이 필요합니다.

③ 구글 클래스룸, 구글 드라이브, 구글 문서, 구글 스프레드시트, 구글 슬라이드(프레젠테이션), 구글 미트, 잼보드를 이용합니다.

구글 온라인 수업 서비스 분석

구분	세부 기능	기능 구현
학급 관리	학급 알림장	○
	커뮤니티 게시판(확인 참여 통계)	○
	1:1 메시지	○
	문자 메시지 / 전화 통화 기능	×
수업 관리	출석 체크 통계	○
	과제 제공 / 수합(파일 공유)	○
	콘텐츠 제시(영상, 음성, 문서 첨부 파일 링크)	○
	학습 이력 / 진행 상황 / 피드백	○
	학습 결과 분석 통계	○

	1:1 및 1:다수(최대 인원수)	100명(유료 250명)
	화상 회의 지속 시간(제한 시간)	60분
	웹 회의(전용 프로그램 없이 접속)	○
화상 수업	수업 녹화	○
그룹 토의	영상 화면 분할 / 학생 화면 배치	×
	학생 참여 트래킹(출석 학생 참여 데이터 저장)	×
	전체 회의 – 그룹 회의(소모임 전환)	×
	보안(접속 비밀번호)	○
	다수 인원 동시 접속 문서 편집	○
협업 문서	다수 인원 그리기	○
	각자 과제 제시(사진 영상 문서) 재배치	○
	발표(피드백 통계)	○
학습	설문(피드백 통계)	○
피드백	퀴즈(통계 순위 개별 피드백)	×
	학습지(개별 피드백 통계)	×

교육 서비스 평가	기능 보완 업데이트	네트워크 접속 관리
A 교육적 활용 및 기여도 높음	A 수시로 기능 보완 업데이트	A 안정적인 운영 경험

📖 마이크로소프트 팀즈

· 접속 주소: teams.microsoft.com

마이크로소프트 팀즈Microsoft Teams는 생산성 클라우드를 활용한 공동 작업용 허브입니다. 주로 기업이나 대학 등 복잡한 조직에서 협업을 위해 사용하지만, 학교에서 교육용 공동 작업 도구로 사용할 수 있습니다. 채팅 및 화상 모임 기능을 이용해 수업을 진행할 수 있고, 원드라이브로 팀 및 개인 파일 저장을 저장할 수 있을 뿐 아니라 워드, 엑셀, 파워포인트, 원노트 등의 문서 파일에서 실시간 공동 작업도 가능합니다.

마이크로소프트 365의 여러 프로그램을 연계하여 거의 모든 학교 기능을 구현할 수 있지만 계정 설정 과정이 복잡하고, 플랫폼을 사용에 따른 예산이 필요하며, 학교 차원의 지원과 교사의 업무가 늘어나 어려움이 있는 경우도 있습니다. 일부 교육청의 경우 마이크로소프트 365 라이선스 계약이 되어 있지 않아 사용이 불가능하기도 합니다.

사용 순서

① 무료로 사용하기 위해 학교에서 마이크로소프트 365 학교 관리자 계정을 인증하고, 교사 및 학생 사용자를 등록한 후 교사가 학급을 구성합니다.

② 학생 계정을 배부하고 각자 로그인합니다.

③ 온라인 서비스를 이용합니다.

팀즈 수업 화면

마이크로소프트 팀즈 온라인 수업 서비스 분석

구분	세부 기능	기능 구현
학급 관리	학급 알림장	○
	커뮤니티 게시판(확인 참여 통계)	○
	1:1 메시지	○
	문자 메시지 / 전화 통화 기능	×
수업 관리	출석 체크 통계	○
	과제 제공 / 수합(파일 공유)	○
	콘텐츠 제시(영상, 음성, 문서 첨부 파일 링크)	○
	학습 이력 / 진행 상황 / 피드백	○
	학습 결과 분석 통계	×
화상 수업 그룹 토의	1:1 및 1:다수(최대 인원수)	○
	화상 회의 지속 시간(제한 시간)	제한 없음
	웹 회의(전용 프로그램 없이 접속)	○
	수업 녹화	○
	영상 화면 분할 / 학생 화면 배치	○
	학생 참여 트래킹(출석 학생 참여 데이터 저장)	×
	전체 회의 - 그룹 회의(소모임 전환)	○
	보안(접속 비밀번호)	○
협업 문서	다수 인원 동시 접속 문서 편집	○
	다수 인원 그리기	○
	각자 과제 제시(사진 영상 문서) 재배치	○
학습 피드백	발표(피드백 통계)	○
	설문(피드백 통계)	○
	퀴즈(통계 순위 개별 피드백)	×
	학습지(개별 피드백 통계)	×

교육 서비스 평가	기능 보완 업데이트	네트워크 접속 관리
B 교육적 활용 가능	A 수시로 기능 보완 업데이트	A 안정적인 운영 경험

📖 e학습터

- 접속 주소: cls.edunet.net

e학습터는 한국교육학술정보원에서 제공하는 대한민국 공교육 대표 17개 시도 통합 초·중등 온라인 학습 서비스입니다. 원래 교육 콘텐츠 공유 플랫폼이었으나 코로나19로 원격 학습 시행을 위해 탑재된 콘텐츠를 수업으로 구성할 수 있도록 급하게 변경되었습니다. 학급 게시판에서 사진 공유, 설문, 토론, 알림장을 공유할 수 있고 담임 선생님이 지정한 학습 이외에도 자율 학습, 강좌 콘텐츠를 이용해 수강해 문제 풀기 기능도 지원합니다.

2020년 이전에는 이용률이 많지 않아 전국 시도교육청이 1개의 서버로 통합 운영되다 코로나19로 사용자 급증하자 임시방편으로 시도교육청별로 분산 서버를 운영 중입니다. 코로나19로 인한 온라인 개학 이후 사용량이 크게 늘어 운영에 어려움이 많습니다. 에듀넷 아이디로 로그인하여 사용하며, 학급 개설 및 관리, 공지사항 / Q&A 게시판, 수업 등록(교사 제작 콘텐츠 업로드), 초·중학교 교육 콘텐츠 제공(2015년 개정 교육 과정 콘텐츠, 평가 문항), 강좌 출석 및 진행률 등으로 구성되어 있습니다.

사용 순서

① 에듀넷에 접속하여 교사 인증한 후 교사가 학급을 구성합니다.

① 학생도 에듀넷에 가입한 후 e학습터에 로그인합니다.

③ 온라인 서비스를 이용합니다.

e학습터 접속 화면

e학습터 온라인 수업 서비스 분석

구분	세부 기능	기능 구현
학급 관리	학급 알림장	○
	커뮤니티 게시판(확인 참여 통계)	○
	1:1 메시지	○
	문자 메시지 / 전화 통화 기능	✕
수업 관리	출석 체크 통계	○
	과제 제공 / 수합(파일 공유)	○
	콘텐츠 제시(영상, 음성, 문서 첨부 파일 링크)	○
	학습 이력 / 진행 상황 / 피드백	○
	학습 결과 분석 통계	✕

교육 서비스 평가	기능 보완 업데이트	네트워크 접속 관리
A 교육적 활용 및 기여도 높음	C 유지 관리 중	B 다수 접속 시 장애 가능성

📖 EBS 온라인 클래스

· 접속 주소: www.ebsoc.co.kr

EBS ◐● 온라인 클래스

코로나19로 인해 초·중·고 개학이 연기되자 교육부와 공조하여 온라인에서 학급별로 학습 관리를 할 수 있도록 만든 온라인 교육 서비스입니다. EBS 학습 영상교육 서비스를 콘텐츠로 구성할 수 있어 많은 학교에서 사용했습니다. 하지만 e학습터와 마찬가지로 중·고등학교 사용이 많아 운영에 차질이 많았습니다.

학급 개설 관리, 강좌 개설 관리(강의실 학생 학습 관리), 학습 관리 기능(출석 체크, 학생 학습 현황 및 진도 확인), 교과자료, 자기주도 학습 자료를 제공합니다. EBS 자체 강의 동영상뿐 아니라 자체 제작 자료나 유튜브 영상 링크로 과제를 쉽게 탑재할 수 있습니다. 그리고 객관식 및 주관식 문제, OX 퀴즈, 토론을 만들고 평가하기도 용이합니다.

사용 순서

EBS 온라인 클래스 수업 서비스 분석

구분	세부 기능	기능 구현
학급 관리	학급 알림장	○
	커뮤니티 게시판(확인 참여 통계)	○
	1:1 메시지	✕
	문자 메시지 / 전화 통화 기능	✕
수업 관리	출석 체크 통계	○
	과제 제공 / 수합(파일 공유)	○
	콘텐츠 제시(영상, 음성, 문서 첨부 파일 링크)	○
	학습 이력 / 진행 상황 / 피드백	○
	학습 결과 분석 통계	✕

교육 서비스 평가	기능 보완 업데이트	네트워크 접속 관리
A 교육적 활용 및 기여도 높음	C 유지 관리 중	B 다수 접속 시 장애 가능성

📖 수업관리 온라인 서비스 비교 분석

온라인 서비스의 5가지 분야(학급관리, 수업관리, 화상 수업, 협업 문서, 학습 피드백)를 모두 지원하는 구글 G Suite for Education 및 마이크로소프트 팀즈와 달리 e학습터와 EBS 온라인 클래스는 학급관리 기능과 수업 구성, 콘텐츠 탑재 위주로 구성되어 있으며 실시간 화상 수업, 협업 문서, 학습 피드백 기능이 없습니다.

수업관리 분야는 온라인 교육 서비스 분야에서 가장 취약한 기능으로 대학이나 기업에서는 이미 구글이나 마이크로소프트와 협의하여 자체 웹사이트와 연동되는 경우가 많습니다. 구글이나 마이크로소프트의 화상 서비스로는 부족하다면 줌을 사용하기도 합니다.

수업관리 온라인 수업 서비스 비교

구분	세부 기능	Google G Suite	마이크로소프트 팀즈	e학습터	EBS 온라인 클래스
학급 관리	학급 알림장	○	○	○	○
	커뮤니티 게시판(확인 참여 통계)	○	○	○	○
	1:1 메시지	○	○	○	×
	문자 메시지 / 전화 통화 기능	×	×	×	×
수업 관리	출석 체크 통계	○	○	○	○
	과제 제공 / 수합(파일 공유)	○	○	○	○
	콘텐츠 제시(영상, 음성, 문서 첨부 파일 링크)	○	○	○	○
	학습 이력 / 진행 상황 / 피드백	○	○	○	○
	학습 결과 분석 통계	×	×	×	×
화상 수업 그룹 토의	1:1 및 1:다수(최대 인원수)	100명	300명	×	×
	화상 회의 지속 시간(제한 시간)	60분	제한 없음	×	×
	웹 회의(전용 프로그램 없이 접속)	○	○	×	×
	수업 녹화	○	○	×	×
	영상 화면 분할 / 학생 화면 배치	○	○	×	×
	학생 참여 트래킹(출석 학생 참여 데이터 저장)	×	×	×	×
	전체 회의 - 그룹 회의(소모임 전환)	×	×	×	×
	보안(접속 비밀번호)	○	○	×	×
협업 문서	다수 인원 동시 접속 문서 편집	○	○	×	×
	다수 인원 그리기	○	○	×	×
	각자 과제 제시(사진 영상 문서) 재배치	○	○	×	×
학습 피드백	발표(피드백 통계)	○	○	×	×
	설문(피드백 통계)	○	○	×	×
	퀴즈(통계 순위 개별 피드백)	×	×	×	×
	학습지(개별 피드백 통계)	×	×	×	×
운영 안정성	**교육 서비스 평가**	A	B	A	A
	기능 보완 업데이트	A	A	C	C
	네트워크 접속 관리	A	A	B	B

화상 수업
(그룹 토의)

온라인 학급관리 서비스를 이용해 공지사항이나 학급 경영을 하고 수업관리 서비스를 통해 시간표에 따라 다양한 수업 활동(콘텐츠 활용, 과제 제시, 실시간 화상)을 진행할 수 있습니다. 온라인 콘텐츠 활용 수업은 전통적 강의식 수업에 비해 정해진 시간에 다양한 지식을 전달하여 기초적 지식을 구성하고 훈련하는 데는 좋지만 학생들이 각 가정에서 집중하지 못할 가능성이 있어 학부모 협조가 반드시 필요합니다.

온라인 과제 제시 수업에서는 문제 중심으로 토의나 협동을 통해 비구조화된 문제까지 해결하는 과정을 진행할 수 있습니다. 다만 가정에서 진행되므로 일부 학생들의 무임승차 문제를 완벽히 해결할 수는 없습니다. 그중에서도 실제 등교하는 것과 마찬가지로 선생님들이 수업 중 학생들에게 즉각적 피드백이 가능한 것이 바로 실시간 화상 수업입니다.

플립 러닝flipped learning의 경우 학생들에게 먼저 콘텐츠 활용과 과제를 제시하고 실시간으로 피드백을 주거나 교사의 실시간 강의나 안내를 듣고 즉시 소그룹으로 나누어 토의 협동학습을 진행할 수도 있어 교육부에서도 실시간 화상 수업을 주 1

회 이상 진행하기를 권고합니다.

📖 줌

· 접속 주소: zoom.us

줌Zoom은 사무실 없는 사무환경을 위한 비대면 화상 회의 플랫폼으로 온라인 화상 수업에 유용한 기능이 많고 안정적으로 운영되어 많은 사람들이 사용하고 있습니다. 접근성을 낮추어 사용하기 쉬운 프로그램 구성 덕분에 시스코의 웹엑스, 마이크로소프트의 스카이프, 구글 행아웃이 점유하던 화상 회의 소프트웨어 시장에서 주목받는 화상 회의 솔루션입니다.

구글과 마이크로소프트의 화상 회의 솔루션은 교사와 학생이 모두 가입하고 기관에서 조직적으로 관리해야 하는 부담이 있습니다. 하지만 줌은 교사 회원가입(이메일, 구글, 페이스북 계정 이용)만으로 제한 없이 수업을 진행할 수 있어 많은 학교에서 사용하며, 교실 수업 이외에 방과후 보충 수업, 학원 수업에도 많이 사용되고 있습니다. 또한 친구나 가족 모임까지 줌 회의에 쉽게 접근할 수 있다는 장점도 있습니다. 교사가 무료 가입 후 방을 개설하면 학생은 가입 없이 100명이 40분 간 수업을 진행할 수 있습니다. 코로나19로 교육기관이나 학교 이메일로 가입 시 40분 시간 제한을 한시적으로 면제해 주고 있습니다. 화면 공유 및 웹 및 구글 드라이브 파일 공유도 편리하고, 모바일 및 데스크톱에서 그룹 텍스트, 이미지 및 오디오를 보내 수업에 활용할 수 있습니다.

구분	세부 기능	기능 구현
화상 수업 그룹 토의	1:1 및 1:다수(최대 인원수)	100명(유료 1000명)
	화상 회의 지속시간(제한 시간)	40분(유료 무제한)
	웹 회의(전용 프로그램 없이 접속)	○
	수업 녹화	○
	영상 화면 분할 / 학생 화면 배치	○
	학생 참여 트래킹(출석 학생 참여 데이터 저장)	×
	전체 회의 – 그룹 회의(소모임 전환)	○
	보안(접속 비밀번호)	○

교육 서비스 평가	기능 보완 업데이트	네트워크 접속 관리
A 안정적인 수업 진행	A 수시로 기능 보완	A 100명 이상 접속 시 끊김 화질 저하 거의 없음

📖 구글 미트

• 접속 주소 : meet.google.com

구글 미트^{Google Meet}는 구글 계정만 있으면 사용 가능한 화상 회의 솔루션으로 구글 G Suite for Education과 함께 사용할 수 있는 온라인 서비스입니다. 무료 지메일 계정으로 학생 가입 없이 100명까지 60분 수업이 가능합니다(그 이상은 유료). 크롬 브라우저로 접속하면 바로 회의를 개설하거나 참여할 수 있으며, 크롬과 파이어폭스에서 브라우저 확장 앱(애드온)을 설치해 사용할 수도 있습니다. 화면 공유 및 웹 및 구글 드라이브 파일 공유도 편리하고, 모바일 및 데스크톱에서 그룹 텍스트, 이미지 및 오디오를 보내 수업에 활용할 수 있습니다. 구글 플레이 스토어나 애플 앱스토어에서 앱을 다운로드하면 모바일로도 활용할 수 있습니다.

사용 순서

① 교사가 지메일 계정으로 구글 미트에 접속한 후 회의를 개설합니다.
② 회의 주소를 학생들에게 공유하면 학생들은 데스크톱이나 스마트 기기를 통해 회의에 입장할 수 있습니다.

구글 미트 화상 수업 서비스 분석

구분	세부 기능	기능 구현
화상 수업 그룹 토의	1:1 및 1:다수(최대 인원수)	100명(유료 250명)
	화상 회의 지속 시간(제한 시간)	60분(유료 무제한)
	웹 회의(전용 프로그램 없이 접속)	○
	수업 녹화	○(유료만 가능)
	영상 화면 분할 / 학생 화면 배치	✕(별도 웹 앱 사용)
	학생 참여 트래킹(출석 학생 참여 데이터 저장)	✕
	전체 회의 – 그룹 회의(소모임 전환)	✕(확장 앱 사용하면 가능)
	보안(접속 비밀번호)	○

교육 서비스 평가	기능 보완 업데이트	네트워크 접속 관리
A 안정적인 수업 진행	A 수시로 기능 보완	A 100명 이상 접속 시 끊김 화질 저하 거의 없음

📖 마이크로소프트 팀즈

· 접속 주소: www.microsoft.com/ko-kr/microsoft-365/microsoft-teams/online-meetings

마이크로소프트 팀즈의 미팅 기능은 화상 수업에도 유용합니다. 마이크로소프트 365 계정에 가입해야 모임 개설이 가능합니다. 마이크로소프트 365에 가입하지 않은 외부 게스트 초대 및 모임 노트, 녹음, 녹화, 채팅 등 콘텐츠 공유 및 공동 작업이 가능합니다. 잡음 억제, 손 흔들기, 화이트보드 등 수업 관련 세부 기능을 제공하며, 가상 배경 및 갤러리, 투게더 모드로 색다른 수업 환경을 꾸밀 수 있습니다. 마이크로소프트 365 프로그램(원드라이브, 원노트, 워드, 파워포인트, 엑셀)과 연동할 수 있는 장점도 있습니다. 접속자 300명에 시간 제한 없이 외부 링크로 초대해서 화상 수업 진행이 가능합니다. 교육기관, 중소기업, 스타트업에는 무료로 제공되지만 기관 도메인 인증이 필요합니다.

마이크로소프트 팀즈 미팅 화상 수업 서비스 분석

구분	세부 기능	기능 구현
화상 수업 그룹 토의	1:1 및 1:다수(최대 인원수)	300명
	화상 회의 지속 시간(제한 시간)	제한 없음
	웹 회의(전용 프로그램 없이 접속)	O
	수업 녹화	O
	영상 화면 분할 / 학생 화면 배치	×
	학생 참여 트래킹(출석 학생 참여 데이터 저장)	×

| 전체 회의 - 그룹 회의(소모임 전환) | ○ |
| 보안(접속 비밀번호) | ○ |

교육 서비스 평가	기능 보완 업데이트	네트워크 접속 관리
A 안정적인 수업 진행	A 수시로 기능 보완	A 100명 이상 접속 시 끊김 화질저하 거의 없음

📖 온더라이브

- 접속 주소: onthe.live

우리나라 스타트업이 2020년 5월부터 서비스 중인 교사 관리형 원격 수업 클라우드 서비스입니다. 교사가 학생을 직접 등록하고 관리할 수 있는 실시간 소통 원격 현장 수업 솔루션입니다.

PC, 모바일 통합 웹브라우저 기반으로 별도의 프로그램을 설치할 필요 없이 화상 수업을 개설하고 접속하는 실시간 영상 커뮤니케이션을 지원합니다. 5개 화면 사용, 화면 공유, 필기, 발표, 질문, 투표, 평가, 통계 등 우리나라에 맞는 다양한 교육 기능이 있지만 사용자 접속이 많으면 화질을 줄여 속도를 유지하는 약점이 있습니다.

사용 순서

① 교사가 회원가입한 후 수업을 개설합니다. 등록한 학생에게 접속 정보를 전달합니다.

② 학생이 수업에 접속에 온라인 화상 서비스를 이용합니다.

온더라이브 화상 수업 서비스 분석

구분	세부 기능	기능 구현
화상 수업 그룹 토의	1:1 및 1:다수(최대 인원수)	제한 없음
	화상 회의 지속 시간(제한 시간)	시간 제한 없음
	웹 회의(전용 프로그램 없이 접속)	○
	수업 녹화	○
	영상 화면 분할 / 학생 화면 배치	×
	학생 참여 트래킹(출석 학생 참여 데이터 저장)	○
	전체 회의 - 그룹 회의(소모임 전환)	×
	보안(접속 비밀번호)	○

교육 서비스 평가	기능 보완 업데이트	네트워크 접속 관리
B 비교적 안정적인 수업 진행	A 수시로 기능 보완	B 다수 접속 시 장애 가능성

📖 실시간 화상 수업 플랫폼 서비스 비교

앞에서 줌, 구글 미트, 마이크로소프트 팀즈, 온더라이브 등 여러 실시간 화상 수업 플랫폼을 살펴봤습니다. 이 가운데 줌은 실제 40명~100명 이상이 접속해서 지속적으로 사용해 보면 안정성과 화질 저하가 없다는 점에서 압도적으로 우위에 있습니다. 구글 미트나 마이크로소프트 팀즈는 많은 접속자가 몰리면 끊김이 있으며 온더라이브는 사용자가 많아지면 끊김을 방지하기 위해 화질을 낮추기 때문에 수업에 지장이 많습니다.

전 세계 많은 사용자가 줌을 선택한 데에는 분명한 이유가 있습니다. 한때 줌이 보안에 취약하다는 논란이 있어 많은 기업이 사용을 중지하기도 했지만, 교육 분야에서는 수업 방해 이외에는 보안 문제에 크게 민감하지 않기 때문에 마음놓고 사용할 수 있습니다. 앞으로 줌 앱 Zapps나 교육용 서비스인 Class for Zoom이 출시되면 화상 수업과 학급, 수업관리가 통합되며 다양한 서비스가 연동될 예정입니다.

실시간 화상 수업 온라인 수업 서비스 비교

구분	세부 기능	줌	구글 미트	마이크로 소프트 팀즈	온더 라이브
화상 수업 그룹 토의	1:1 및 1:다수(최대 인원수)	100명 (유료 1000명)	100명 (유료 250명)	300명	제한 없음
	화상 회의 지속 시간(제한 시간)	40분 (유료 무제한)	60분 (유료 무제한)	제한 없음	제한 없음
	웹 회의(전용 프로그램 없이 접속)	○	○	○	○
	수업 녹화	○	○	○	○
	영상 화면 분할 / 학생 화면 배치	○	×	×	×
	학생 참여 트래킹 (출석 학생 참여 데이터 저장)	×	×	×	○
	전체 회의 – 그룹 회의(소모임 전환)	○	×	○	×
	보안(접속 비밀번호)	○	○	○	○
운영 안정성	서비스 이용 안정성	A	B	B	A
	기능 보완 개선 빈도	A	A	A	B
	네트워크 접속 관리	A	A	A	C

협업 문서
(문서 및 판서 파일 공유)

협업이란 협력과 소통을 통해 함께 배우며 창의적으로 문제를 해결하는 능력을 키우는 활동입니다. 온라인 협업도구는 마치 교실에서 큰 종이에 함께 글을 쓰고 그리는 것과 같이 함께 문서를 작성하거나 그림을 그리고 영상과 사진, 파일까지 덧붙여 함께 작업할 수 있는 도구입니다. 또한 각자의 편집 내용과 편집 시각까지 기록되어 활동 기여도를 한 눈에 파악하고 평가 및 통계를 낼 수 있습니다.

📖 구글 문서 도구 / 구글 드라이브 / 구글 잼보드

• 접속 주소: docs.google.com

    drive.google.com

    jamboard.google.com

G Suite for Education

Google Docs　　**Google** Drive　　Jamboard

구글 G Suite for Education에서 구글 계정만 있으면 사용 가능하며 대부분의 도구는 공유나 협업이 가능합니다. 그중에서도 온라인 수업에 가장 유용한 도구는 구글 문서 도구입니다. 문서 도구는 문서, 스프레드시트, 프레젠테이션, 설문지가 있으며 모든 수업 자료(문서, 사진, 영상 파일 등)는 구글 드라이브에 파일로 저장되고 공유를 통해 외부 공개나 협업(함께 글쓰기, 문서 편집, 발표자료 만들기, 그림 그리기)이 가능합니다.

① **구글 문서 도구**: 구글의 웹 기반 서비스로 워드프로세서, 스프레드시트, 프레젠테이션, 그림 등 편집 및 뷰어 기능이 포함되어 제공됩니다. 2012년 구글 드라이브 기반으로 통합되어 클라우드 파일로 통합 관리됩니다. PC에서는 웹 브라우저로 편집·저장되고 모바일에서 각 앱을 통해 편집·저장이 이루어집니다.

② **구글 드라이브**: 구글에서 제공하는 클라우드 기반 협업도구이자 파일 저장·공유 서비스입니다. 구글 계정 하나당 15GB 저장 용량이 무료로 제공되고, Google G Suite for Education은 용량 제한이 없어 교육적 활용 가치가 높습니다.

③ **잼보드**: 공동 작업용 대화형 디지털 화이트보드 시스템입니다. 실시간 교육과 공동 작업이 가능하며 이미지를 올리고 메모를 추가하고 웹으로 공유하며 모든 학급 구성원과 함께 협업할 수 있습니다. 2020년 11월 현재 PC나 노트북 브라우저 사용에는 문제가 없지만 모바일 앱에서는 한글 지원이 되지 않아 웹브라우저로 봐야 하는 불편함이 있습니다.

구글 문서 도구 접속 화면

구글 문서 도구 / 구글 드라이브 / 잼보드 온라인 서비스 분석

구분	세부 기능	기능 구현
협업 문서	다수 인원 동시 접속 문서 편집	○ 구글 문서 도구
	다수 인원 그리기	○ 잼보드
	각자 과제 제시(사진 영상 문서) 재배치	○ 잼보드, 구글 드라이브

📖 마이크로소프트 365 파워포인트 / 원드라이브 / 원노트

• 접속 주소: www.microsoft.com/ko-kr/microsoft-365

마이크로소프트 오피스 온라인 서비스를 이용하면 워드, 엑셀, 파워포인트, 아웃룩 등 문서를 웹 기반으로 편집할 수 있습니다. 원노트나 스웨이는 수업용 전자 필기장으로 활용할 수 있습니다.

① **파워포인트**: 마이크로소프트의 웹 기반 서비스로 프레젠테이션 기능 및 파일 공유 및 협업, 변경 추적(마이크로소프트 365 구독자) 기능이 제공됩니다. 채팅 또는 메모를 통해 의견 교환도 가능합니다.

② **원드라이브**: 마이크로소프트에서 제공하는 클라우드 기반 협업도구이자 파일 저장·공유 서비스입니다. 마이크로소프트 라이브(마이크로소프트 365) 계정 하나당 1TB 저장 용량이 무료로 제공되며, 교육용 계정은 용량이 무제한입니다.

③ **원노트**: 공동 작업 디지털 메모 작성 앱입니다. 다양한 메모 공유 및 협업, 변경 추적(마이크로소프트 365 구독자) 기능이 제공됩니다. 채팅 또는 메모를 통해 의견 교환도 가능합니다.

잉크 필기(마우스 포함), 태블릿 모바일을 지원하며, 이미지 외 오디오, 동영상, PDF, 일반 파일도 노트에 첨부 가능합니다.

마이크로소프트 365 접속 화면

마이크로소프트 365 온라인 서비스 분석

구분	세부 기능	기능 구현
협업 문서	다수 인원 동시 접속 문서 편집	○ 파워포인트, 원노트
	다수 인원 그리기	○ 원노트
	각자 과제 제시(사진 영상 문서) 재배치	○ 원노트, 원드라이브

📖 패들렛

· 접속 주소: ko.padlet.com

패들렛^{Padlet}은 공동으로 메모를 붙이는 방식의 디지털 캔버스입니다. 직관적인 구성 덕분에 아이디어 공유에 가장 최적화되어 아름다운 표현이 가능한 협업 도구로 손꼽힙니다. 목록, 벤 다이어그램, 토론 게시판, 그룹 카드, 포트폴리오, 계획 공유 등 교실 활동에 필요한 도구를 제공합니다. 포스트잇 메모 종이처럼 빈 페이지(담벼락, 캔버스 등)를 제공하여, 교사와 학생이 글, 사진, 영상, 파일까지 업로드하여 공유할 수 있으며, 맞춤 배경 화면이나 테마를 선택하여 보기 좋게 꾸밀 수 있습니다. 무료 버전에서는 3개의 담벼락을 무료로 제공하며 유료 사용 시 교육기관용 스쿨팩 별도 가격이 적용됩니다. 많은 사람이 접속하여 한 번에 작업할 수 있고 즉각적인 피드백을 얻을 수 있어 온라인 교육에 많이 활용되고 있습니다. 모바일에서도 별도의 앱이 없이 브라우저에서 모든 기능이 구현되며, 학생의 회원가입 없이 접속해서 사용할 수 있어 가장 많이 활용되고 있습니다.

사용 순서

① 패들렛 웹사이트(ko.padlet.com)에 접속하고 [가입하기]를 클릭합니다(애플, 구글, 페이스북, 마이크로소프트 계정 사용 가능).

② [패들렛 만들기]를 클릭하고 담벼락이나 캔버스 등 활동에 맞는 패들렛 게시판 유형 8가지 중 하나를 선택합니다.

③ 화면 상단 오른쪽 톱니바퀴 모양의 [설정] 아이콘을 클릭하면 제목, 설명, 작성자(저작자) 이름 표시, 댓글 활성화, 패들렛 주소 등을 설정할 수 있습니다.

④ 화면 상단의 [공유] 아이콘을 클릭하면 패들렛 주소를 복사하거나 QR 코드를 생성할 수 있고, 다른 서비스로 공유하거나 내보내기도 가능합니다.

⑤ 접속자는 화면 하단의 [+]를 클릭하거나, 보드 아무 곳에 더블클릭하거나, 파일을 드래그 하면 새 패들렛을 추가할 수 있습니다.

패들렛 접속 화면

패들렛 온라인 서비스 분석

구분	세부 기능	기능 구현
협업 문서	다수 인원 동시 접속 문서 편집	○
	다수 인원 그리기	○
	각자 과제 제시(사진 영상 문서) 재배치	○

📖 비캔버스

- 접속 주소: beecanvas.com

🐝 BeeCanvas

비캔버스^{BeeCanvas}는 회의실 화이트보드를 온라인으로 옮긴 실시간 비대면 협업 공유 도구입니다. 생각을 기록하거나 공유하기 쉽고 웹과 모바일을 서로 연동하여 언제 어디서든 기록하고 공유할 수 있습니다. 온라인 학생 수업뿐만 아니라 교사 협업도구로도 아주 좋은 클라우드 화이트 보드 플랫폼입니다. 패들렛에 비해 입력 방법이 약간 복잡하지만 캔버스를 추가하여 유기적으로 연결하는 다양한 방법이 있습니다.

보통 다른 협업 및 메모 도구에서는 메모나 문서를 일렬로 나열하는 방식을 취하므로 공유할 정보를 찾을 때 어려움이 많습니다. 비캔버스는 실제 화이트보드에 메모나 그림, 텍스트를 붙이듯 직관적으로 시각화되어 있어 글 쓰기, 그리기, 구성 요소 배치하기 등이 쉽습니다. 덕분에 여러 매체에서 가져온 정보를 한눈에 쉽게 볼 수 있으며, 여러 구성원이 내용을 수정하거나 링크를 공유하기도 편리해 회의 자료로 활용하고 원하는 스타일로 구성할 수 있습니다. 협업 시 다른 팀원 자료를 수정하고 작업 이력을 확인하기 편리하며, 포스트잇 방식으로 메모나 사진, 웹 정보를 기록하는 등 다양한 실시간 피드백이 가능하며, 이미지, 문서, 음악, 영상 파일 등 모든 포맷의 데이터를 업로드할 수 있습니다. 무료 버전에서는 7개의 컨버스 및 10GB 저장 공간을 제공하며, 유료 버전은 교육기관에서 사용 시 별도로 협의해야 합니다.

사용 순서

① 비캔버스 웹사이트(beecanvas.com)에 접속하고 [회원가입]을 클릭합니다. 이메일 주소를 입력해 가입합니다. 이때 구글 계정도 사용 가능합니다.

② 이름과 직업을 선택하고 회사명을 임의로 입력합니다. 프로젝트와 페이지 이름을 수업 목적에 맞게 입력하고, 학생을 멤버로 초대합니다.

③ 워크스페이스를 생성하고 팀 프로젝트를 추가합니다.

④ 캔버스를 추가합니다. 이때 협업 목적에 맞는 템플릿을 선택해 보세요.

⑤ 캔버스 화면 상단 오른쪽에 [공유하기]를 클릭하고 [링크로 공유하기]를 이용해 URL 주소를 복사한 후 학생들에게 전달해서 캔버스를 공유합니다.

비캔버스 접속 화면

비캔버스 온라인 서비스 분석

구분	세부 기능	기능 구현
협업 문서	다수 인원 동시 접속 문서 편집	○
	다수 인원 그리기	○
	각자 과제 제시(사진 영상 문서) 재배치	○

학습 피드백
(발표, 설문, 퀴즈, 학습지)

전통적 강의식 수업과 달리 온라인 수업 문제해결, 토의, 협동학습을 진행하려면 교사의 수업 진행 역량뿐 아니라 IT 기술을 이용한 수업도구가 필요하며, 특히 비대면 수업에서 상호작용을 위한 학습 피드백 기능이 중요합니다. 협업한 내용을 발표, 설문, 퀴즈, 학습지 등을 통해 분석하고 잘한 점을 발전시키고 부족한 부분을 보충할 수 있도록 도와주는 것입니다.

특히 수업 시간에 대형TV를 통해 간편하게 사용하던 퀴즈 프레젠테이션은 교실에서 직접 피드백을 받지만 모든 학생들이 참여하기는 힘들었습니다. 온라인 퀴즈 플랫폼은 개인별로 입력하여 정답 여부는 물론 다른 친구들과 협력하거나 비교하는 통계 피드백이 제공되며 모둠별, 반별, 학교별 게임 형식의 경쟁으로 즐거움을 얻을 수 있습니다. 협업한 내용을 발표하고, 배운 점을 알아보기 위해 설문, 퀴즈, 학습지를 통해 통계, 평가하여 피드백할 수 있는 온라인 수업도구를 소개합니다.

📖 구글 프레젠테이션 / 구글 설문

- 접속 주소: slides.google.com

   docs.google.com/forms

🔲 Google Slides ☰ Google Forms

앞에서 살펴본 구글 문서, 스프레드시트와 마찬가지로 구글 프레젠테이션[Google Slides]과 구글 설문[Google Forms] 역시 구글 드라이브에 파일로 저장되고 공유를 통해 공개나 협업이 용이해 온라인 수업에 유용합니다.

① 구글 프레젠테이션: 구글의 웹 기반 문서 서비스 중 프레젠테이션으로 작성, 수정, 발표, 공동 작업이 가능합니다. 클라우드 프레젠테이션 테마, 글꼴, 영상, 애니메이션 기능을 지원하며, 다른 사람과 공유하고 실시간 수정하며 채팅 및 댓글 협업이 용이합니다. 여기서 만든 슬라이드는 파워포인트 파일로 변환할 수도 있습니다. 스마트폰, 태블릿, PC에서 오프라인으로 쓸 수도 있습니다. 크롬 확장 앱을 깔면 웹 브라우저에 접속해서 바로 발표할 수 있으며, 크롬 캐스트, 구글 미트를 이용한 화상 수업에서 화면 공유 기능을 이용해 보여 줄 수도 있습니다.

② 구글 설문: 구글 설문으로 온라인 계획 공유, 이벤트 등록 관리, 투표, 이메일 수집, 퀴즈 등의 수업 활동이 가능합니다. 다른 구글 문서 도구와 마찬가지로 공동 작업이 가능합니다. 나만의 사진과 로고 설정해 개성 있는 설문지로 꾸밀 수도 있고, 선다형, 드롭다운, 막대형 척도 등 다양한 질문 옵션을 제공합니다. 설문지에 이미지나 유튜브 영상 등을 추가하거나 페이지 나누기, 질문 건너뛰기 설정도 가능합니다. PC와 모바일 화면 크기에 상관없이 동일한 서비스 제공하며, 설문 응답을 스프레드시트에서 정보와 차트로 정리 데이터 활용도가 높습니다.

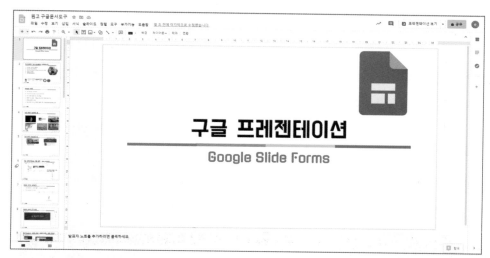

구글 프레젠테이션 접속 화면

구글 프레젠테이션 / 구글 설문 온라인 서비스 분석

구분	세부 기능	기능 구현
학습 피드백	발표(피드백 통계)	○ 구글 프레젠테이션
	설문(피드백 통계)	○ 구글 설문
	퀴즈(통계 순위 개별 피드백)	○ 구글 설문
	학습지(개별 피드백 통계)	○

📖 스웨이 / 마이크로소프트 폼즈

· 접속 주소: sway.office.com

　　　　　　forms.microsoft.com

스웨이Sway는 마이크로소프트의 웹 기반 프레젠테이션 서비스로서, 텍스트와 미디어를 병합하여 프레젠테이션이 가능한 웹사이트를 구축할 수 있습니다. 앱 내에서 손쉽게 웹 콘텐츠를 추가할 수 있어 보고서, 프레젠테이션, 교육 자료, 뉴스레터를 제작하는 데 유용합니다.

마이크로소프트 폼즈Microsoft Forms는 발표 및 공유, 설문, 통계를 위한 클라우드 소프트웨어입니다. 간편하게 설문 조사나 퀴즈를 만들 수 있습니다. 양식을 공유하고 결과를 보는 작업도 공동으로 할 수 있으며, 피드백 통계를 내서 엑셀 파일로 정리하기도 편리합니다.

스웨이 접속 화면

스웨이 / 마이크로소프트 폼즈 온라인 서비스 분석

구분	세부 기능	기능 구현
학습 피드백	발표(피드백 통계)	○ 스웨이
	설문(피드백 통계)	○ 마이크로소프트 폼즈
	퀴즈(통계 순위 개별 피드백)	○ 마이크로소프트 폼즈
	학습지(개별 피드백 통계)	×

니어팟

- 접속 주소: nearpod.com

니어팟^{NearPOD}은 실시간 온라인 수업을 위한 교육 플랫폼으로, 실시간 피드백 인터 랙티브 대화형 수업 구성할 수 있습니다. 교사가 수업을 설정하면 학생은 회원가 입 없이 참여할 수 있습니다. 구글 프레젠테이션, PDF, PPT 파일을 가져와 대화형 수업을 구성할 수 있고, 구성한 수업을 공유할 수 있어 다른 교사가 가져와 쓸 수 도 있습니다. 대화형 화이트보드를 이용해 학생들 실시간 아이디어 공유 협업에 용이합니다. 또한 퀴즈 기능으로 객관식 질문을 제시해 학생의 이해도를 평가하고 즉각적으로 피드백을 줄 수 있으며, 설문 기능으로 학생 의견을 받거나 이해도를 확인하고 토론을 유도하기에도 편리합니다. 하지만 외국 웹사이트로서 국내 수업 자료가 부족하며, 메뉴가 영문으로 되어 있어 처음에 사용하기에 다소 불편할 수 있습니다.

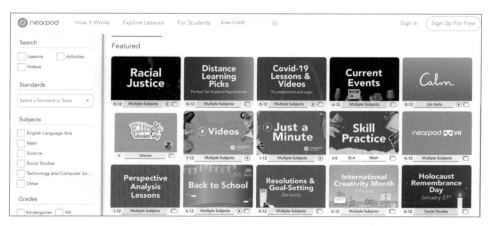

니어팟 접속 화면

구분	세부 기능	기능 구현
학습 피드백	발표(피드백 통계)	○
	설문(피드백 통계)	○
	퀴즈(통계 순위 개별 피드백)	○
	학습지(개별 피드백 통계)	×

📖 멘티미터

· 접속 주소: www.mentimeter.com

Mentimeter

멘티미터^{Mentimeter}는 발표 및 공유, 설문, 퀴즈, 통계를 위한 클라우드 소프트웨어입니다. 주최자(교사)와 참가자(학생)의 의견 교환, 설문, 퀴즈 등의 결과가 실시간 통계로 제시됩니다. 1:다수의 강연, 수업에서 개별 소수 의견을 파악할 수 있는 의견 피드백 도구이며, 온라인 실시간 수업에도 유용합니다. 학습 안내와 더불어 다양한 의견 공유 수합이 실시간으로 이루어집니다.

대화형 프레젠테이션을 작성할 수 있으며, 차트형, 워드형, 랭킹형, 이미지형, 워드클라우드(실시간 단어구름) 등 다양한 형태를 지원하고 발표자 모드도 있어 스마트폰으로 프레젠테이션을 제어할 수 있습니다. 퀴즈로 질문, 선택지 지정하여 학습 내용을 점검 및 평가하며, 설문조사 결과를 PDF나 엑셀 데이터로 추출하고 수업 자료를 온라인에 공유하기도 편리합니다.

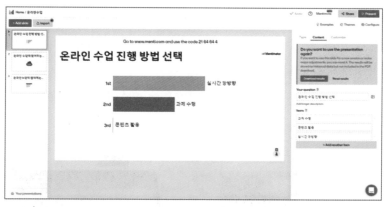

멘티미터 접속 화면

멘티미터 온라인 서비스 분석

구분	세부 기능	기능 구현
학습 피드백	발표(피드백 통계)	○
	설문(피드백 통계)	○
	퀴즈(통계 순위 개별 피드백)	○
	학습지(개별 피드백 통계)	×

슬라이도

• 접속 주소: sli.do

slido

슬라이도[Slido]는 온라인 수업, 라이브 화상 회의, 이벤트 원격 회의 설문, 투표, 질문 플랫폼입니다. 멘티미터처럼 회원가입 없이 간편하게 온라인 수업과 세미나, 회의를 인터랙티브 방식으로 진행할 수 있습니다. 참가자(학생)는 스마트폰 화면에서 발표 화면을 구체적으로 미리 볼 수 있어 설문조사나 퀴즈, 대화형 Q&A 피드백에 적합합니다. 온라인 컨퍼런스, 패널 토론, 전체 회의 토론에서 간단한 Q&A 및 투표 도구를 사용하여 청중이 질문, 투표, 토론을 유도할 수 있으며, 대면 회의와 가상 회의 모두 사용 가능합니다.

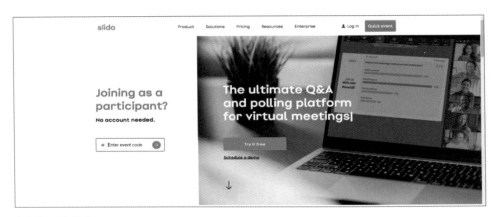

슬라이도 접속 화면

슬라이도 온라인 서비스 분석

구분	세부 기능	기능 구현
학습 피드백	발표(피드백 통계)	×
	설문(피드백 통계)	○
	퀴즈(통계 순위 개별 피드백)	○
	학습지(개별 피드백 통계)	×

 **워드월**

- 접속 주소: wordwall.net

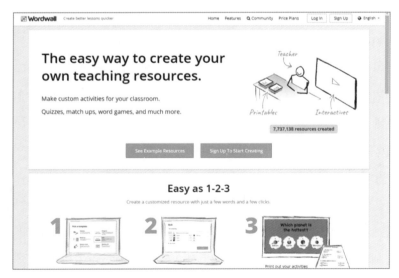

워드월Wordwall은 패들렛의 8개의 게시판 종류에 비해 더욱 다양해진 18개의 무료 템플릿과 15개의 인쇄물, 25개의 프로(유료) 템플릿을 가진 인터랙티브 디지털 담벼락 프로그램입니다(무료 버전은 제한적인 5개 템플릿 사용 가능). 학습 게임을 구성하면 템플릿을 변경하여 다른 형식으로 변환할 수도 있습니다. 평가 및 게임에 타이머를 추가하거나, 익명 응답 기능으로 참여를 장려할 수도 있고 수업자료를 PDF로 다운로드하거나 워크시트를 공유하는 기능도 있습니다. 유료 버전의 경우 학생 공동작업을 위한 다중 접속을 지원합니다.

워드월 접속 화면

구분	세부 기능	기능 구현
학습 피드백	발표(피드백 통계)	×
	설문(피드백 통계)	○
	퀴즈(통계 순위 개별 피드백)	○
	학습지(개별 피드백 통계)	×

카훗

- 접속 주소: kahoot.com

Kahoot!

카훗Kahoot은 게임 기반 학습 플랫폼입니다. 학습 게임을 하며 지식을 검토하고 평가하는 수업 활동이 가능합니다. 단 몇 분 만에 학습주제에 관한 카훗을 만들고 공유된 카훗을 편집할 수 있습니다. 교사가 카드를 구성하고 핀 번호만 학생들에게 전달하면 카훗에 입장하여 수업이 진행됩니다. 4지선다형, OX 퀴즈, 순서 맞추기 등 다양한 질문 유형으로 참여도를 높일 수 있으며, 플래시 카드 및 학습 모드 등 자기주도형 도전 과제도 제시할 수 있습니다.

학습 진행(플레이) 결과를 엑셀 파일로 출력하거나 구글 드라이브에 저장할 수 있습니다. 보고서를 통해 학습 결과를 평가할 수 있습니다. 점수 시스템 및 배경 음악 등 게임 형식을 통해 학생이 수업에 몰입하고 능동적으로 참여함으로써 수업 환경과 분위기를 개선할 수 있습니다. 다만 메뉴가 영문으로 되어 있어 적응이 필요합니다.

카훗 접속 화면

카훗 온라인 서비스 분석

구분	세부 기능	기능 구현
학습 피드백	발표(피드백 통계)	×
	설문(피드백 통계)	○
	퀴즈(통계 순위 개별 피드백)	○
	학습지(개별 피드백 통계)	×

퀴즐렛

• 접속 주소: quizlet.com/ko

Quizlet

퀴즐렛^{Quizlet}은 낱말 카드 학습 도구입니다. 교육과정 기반 자료를 대화형 학습 및 퀴즈 게임으로 변용하여 다양한 수준의 학생들이 참여할 수 있도록 도와줍니다.

무료 사용은 단어 암기만 가능하며 다양한 활용을 위해서는 유료로 구매해야 합니다. 퀴즐렛 라이브, 학습 모드, 플래시 카드, 쓰기, 매칭, 테스트, 다이어그램 등 7가지 모드로 학생들에게 적합한 학습을 선택하여 수준별 맞춤 학습을 지원하며, 대화형 퀴즈 게임으로 흥미로운 교실 수업이 가능합니다. 다른 학생과 교사들의 학습 세트를 검색하여 수업 자료를 쉽게 만들 수 있으며, 유료로 업그레이드하면 교사용 퀴즐렛에서 학습 현황을 통계로 확인할 수 있습니다.

퀴즐렛 접속 화면

퀴즐렛 온라인 서비스 분석

구분	세부 기능	기능 구현
학습 피드백	발표(피드백 통계)	×
	설문(피드백 통계)	×
	퀴즈(통계 순위 개별 피드백)	○
	학습지(개별 피드백 통계)	×

📖 띵커벨

· 접속 주소: www.tkbell.co.kr

ThinkerBell

띵커벨^{ThinkerBell}은 문제를 만들고, 찾고, 함께 푸는 실시간 퀴즈, 토의·토론 수업도 구입니다. 원래 교실에서 교사 컴퓨터와 학생의 스마트 기기(태블릿, 스마트폰)를 연결해 사용하던 퀴즈 피드백 시스템이었습니다. 학생 회원가입 및 로그인이 필요하지 않아서 요즘에는 온라인 실시간 수업에도 많이 사용됩니다. OX 퀴즈, 선택, 단답, 빈칸 채우기, 서술형 등 다양한 문제 형식을 제공하며, 퀴즈에 보너스 점수를 설정해 흥미 요소가 됩니다. 기간을 설정하고 과제 모드를 추가할 수 있고, 과제 종료후 문제별 리포트 파일을 제공합니다.

사용 방법

① 아이스크림 띵커벨 퀴즈를 만들거나 다른 선생님들이 공유한 자료를 시작합니다.

② 학생들은 띵커벨 웹사이트(www.tkbell.co.kr)에 접속한 후 화면에 나타난 방 번호 여섯 자리와 닉네임을 입력합니다.

③ 방 번호 및 닉네임을 확인한 후 입장합니다.

띵커벨 접속 화면

구분	세부 기능	기능 구현
학습 피드백	발표(피드백 통계)	×
	설문(피드백 통계)	○
	퀴즈(통계 순위 개별 피드백)	○
	학습지(개별 피드백 통계)	○(과제 모드)

클래스카드

· 접속 주소: classcard.net

CLASS CARD

클래스카드^{CLASSCARD}는 영어 선생님들이 가장 많이 사용하고 단어 암기, 문장 학습 서비스입니다. 학습 자료를 제작하기 간편하고, 상세한 학습 리포트, 자동 출제 및 채점, 시험지 인쇄 기능을 지원합니다. 국내 회사에서 개발한 앱이라서 카훗이나 퀴즐렛에 비해 사용이 편리하고 사용 사례도 많아 참고하기 편리하다는 장점이 있습니다. 원어민에 가까운 음성으로 통문장 암기 학습이 가능하며 목소리를 녹음하고 확인하는 스피킹 학습도 지원합니다. 듣기 시험도 보고 오답만 다시 해결할 수 있으며, 리포트로 학생들의 학습 및 테스트 내역을 확인하고 누적 오답을 복습합니다. 학생 개별 학습 리포트 등을 받기 위해서는 학교 등록 및 유료 가입이 필요합니다. 학생 개별 앱 설치와 회원가입이 필요합니다. 영어뿐만 아니라 문제 출제도 가능하여 다른 과목에도 활용이 가능합니다.

클래스 카드 문제 출제 화면(문제 종류)

클래스 카드 문제 출제 화면

클래스 카드 학생 접속 화면

클래스카드 온라인 서비스 분석

구분	세부 기능	기능 구현
학습 피드백	발표(피드백 통계)	×
	설문(피드백 통계)	×
	퀴즈(통계 순위 개별 피드백)	○
	학습지(개별 피드백 통계)	×

📖 퀴즈앤

- 접속 주소: www.quizn.show

퀴즈앤^{Quiz N}은 PC, 스마트폰을 이용해 퀴즈 쇼를 제작하고 실시간으로 상호작용해 성취감을 느낄 수 있는 퀴즈 앱입니다. 사진과 영상을 토대로 퀴즈나 설문을 진행할 수 있기 때문에 간단한 수업 진행까지 가능하며 만든 수업을 복제하거나 개선할 수 있어 편리합니다. 영어 단어 및 문장 학습뿐만 아니라 퀴즈 평가 제작도 가능하며 가장 보기 편한 화면이 장점입니다. 카훗에 비해 한글화가 되어 있어 학생들이 사용하는 데 편합니다.

무료의 경우 접속자가 10명으로 제한되어 사용 시 주의가 필요합니다. 처음 회원가입하면 한 달간 '체험하기'로 전체 기능을 무료로 사용해 볼 수 있으며, 무료 체험후 'FREE' 단계에서는 플레이 참여 가능 인원이 10명으로 제한됩니다. 유료 서비스인 'PRO'를 구독하면 실시간 플레이 인원은 250명, 미션 인원은 2000명까지 지원됩니다. 유료 서비스 구독료는 교사의 경우 월 9,900원(일반인 49,500원)입니다. EDU PRO(학교 라이선스 1년 사용) 구독 플랜이 추가되었는데, 1,980,000원(계정 당

퀴즈앤 문제 출제 화면

퀴즈앤 문제 출제 옵션 화면

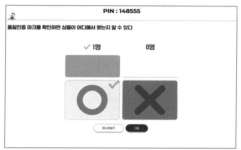

퀴즈앤 문제 통계 화면   퀴즈앤 문제 학생 접속 화면

39,600원/년), 최대 50계정까지 지원합니다.

퀴즈앤 온라인 서비스 분석

구분	세부 기능	기능 구현
학습 피드백	발표(피드백 통계)	×
	설문(피드백 통계)	○
	퀴즈(통계 순위 개별 피드백)	○
	학습지(개별 피드백 통계)	×

📖 라이브워크시트

• 접속 주소: www.liveworksheets.com

라이브워크시트Live Worksheets는 온라인 대화형 학습지 플랫폼입니다. 워드프로세서로 작성한 문서 파일을 PDF나 JPG 형식의 온라인 학습지(대화형 워크시트)로 변환

할 수 있어 인터랙티브 수업에 유용합니다. 한글 HWP 파일도 PDF로 변환되어 잘 작성됩니다. 학습지 제작 시 간단한 명령어를 입력하여 정답 및 유형 변경이 가능합니다. MP3 음성과 영상 링크도 첨부할 수 있어 영어 듣기, 말하기 테스트 수행평가지, 단원평가, 경진대회 문제도 진행할 수 있습니다. 제작된 학습지나 시험지는 공유하여 그냥 사용하거나 유형을 변경하여 바로 사용할 수 있습니다. 해외 서비스라서 영문 메뉴를 사용하긴 하지만 한국어 자료도 있어서 수업에 참고할 수 있어 한국 선생님들의 사용이 많은 편입니다.

교사는 이메일을 등록해 사용할 수 있으며, 학생이 등록할 수 있는 계정은 최대 100명입니다. 교사가 워크시트를 제작하면 저장하고 링크를 복사해 키 코드를 학생에게 배포합니다. 최대 10개의 대화형 워크북(각 120페이지 제작 가능, 비공개 학습지 최대 30개)을 지원하며, 공유된 워크시트도 활용할 수 있습니다.

학생들은 스마트폰이나 PC로 접속해 별도로 가입하지 않고 워크시트 상자에 있는 문제에 정답을 입력(소리, 영상, 드래그 앤 드롭, 화살표 연결, 객관식, 말하기 연습)해 풀 수 있습니다. 워크시트에서 문제를 해결한 다음 자신의 이름, 학년, 반, 교사 키 코드를 입력하면 교사 메일 박스로 워크시트가 저장됩니다. 교사는 메일 박스에서 제출된 학습지를 확인할 수 있으며, 제출된 학습지는 30일간 보관됩니다. 학생은 따로 등록하지 않아도 문제 풀이에 참여할 수 있지만, 라이브워크시트 서비스에 등록하면 문제해결 후 정답을 확인하거나 자신의 포트폴리오를 구성할 수 있으므로 되도록 학생 계정 등록 후 사용하는 것이 좋습니다.

현재 2020년 말까지 모든 사용자가 무료로 사용할 수 있으며, 그 이상은 2021년 유료화 예정이지만 학생 100명까지는 무료로 서비스할 예정입니다. 중·고등학교 수업처럼 맡은 학생이 100명이 넘어가면 유료 결제가 필요합니다.

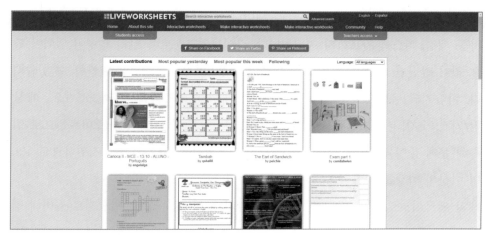

라이브워크시트 접속 화면

라이브워크시트 온라인 서비스 분석

구분	세부 기능	기능 구현
학습 피드백	발표(피드백 통계)	×
	설문(피드백 통계)	×
	퀴즈(통계 순위 개별 피드백)	×
	학습지(개별 피드백 통계)	○

📖 티처메이드

- 접속 주소: teachermade.com

티처메이드^{TeacherMade}는 온라인 수업, 라이브 화상 회의, 이벤트 원격 회의 설문, 투

표, 질문 플랫폼으로 온라인 수업과 세미나, 회의에 인터랙티브한 활동과 학습지 자동 채점, 피드백 자료까지 지원됩니다. 라이브워크시트와 달리 명령어 입력이 필요 없어 간단한 메뉴를 이용해 온라인 학습지(대화형 워크시트)로 변환할 수 있습니다. 학습지의 유형으로는 단답형 및 공백 채우기, 체크박스, 선택(드롭다운), 매칭, 참/거짓, 숫자, 분수, 드래그앤드롭 등이 있습니다. 학생들은 PC나 스마트폰으로 접속해 문제 풀이를 할 수 있습니다. 워크시트당 200명 참여 인원을 지원하므로 100명 이상의 학생을 지속적으로 관리하는 선생님들에게 유용합니다.

해외 웹사이트로 영어 메뉴를 이용해야 합니다. 아직은 라이브워크시트에 비해 영상, 음성 첨부 기능 등이 다소 부족하지만 업데이트 일정이 공지되어 개선이 예정되어 있습니다. 교사들의 학습 자료 워크시트를 공유하고 판매·구입해서 사용할 수 있으며 모든 기능을 무료로 제공합니다. 최근에 개시한 서비스라서 아직 교사 공유 자료가 많지 않지만 앞으로의 공유 자료가 기대되는 서비스입니다. 지속적인 무료 이용을 약속하였으며 대신에 교사 콘텐츠 마켓을 오픈하여 제작된 학습지와 교육과정을 유료로 거래할 수 있는 온라인 공유 시스템 구축을 목표로 하고 있습니다.

티처메이드 접속 화면

구분	세부 기능	기능 구현
학습 피드백	발표(피드백 통계)	○
	설문(피드백 통계)	×
	퀴즈(통계 순위 개별 피드백)	×
	학습지(개별 피드백 통계)	○

📖 북위젯

• 접속 주소: www.bookwidgets.com

북위젯^{BookWidgets}은 대화형 연습 문제, 학습지를 만들고 자동으로 채점 및 통계 작성이 가능한 온라인 플랫폼입니다. 발표자료 및 영상에 학생들의 피드백을 더한 인터랙티브한 수업 화면을 보여 줍니다. 스마트폰, 태블릿, 컴퓨터에서 작동되는 40개 이상 대화형 퀴즈와 워크시트 게임 학습을 제공하여 수업 동기부여에 도움이 됩니다. 초등학교 퀴즈, 플래시 카드, 빙고 카드, 직소 퍼즐, 단어 검색 등 30개 이상 위젯으로 쉽게 학습지 문제를 구성할 수 있습니다. 실시간으로 학생 활동을 확인하고 학생 평가, 채점, 피드백이 가능해 채점 시간이 절약되며, 구글 클래스룸, 마이크로소프트 팀즈 등 학습 관리 솔루션과 함께 사용 가능한 점도 중요한 장점입니다.

온라인 수업을 위해 설계된 웹사이트로 피드백 서비스는 대부분 무료이지만 무료 사용 시 학습지에 북위젯 로고가 들어가 출력되고 맞춤형 위젯 디자인과 LMS(학습 관리) 기능이 지원되지 않습니다. 학습 관리 및 학생 관리를 위해 학생 학번 및 이름을 입력해서 제출하려면 유료 서비스를 이용해야 합니다. 한편 해외 웹사이트로 영어 메뉴를 이용해야 합니다. 학생 수(접속 문제 풀이) 100명 제한이 있는 라이브워크시트보다 활용도가 높습니다.

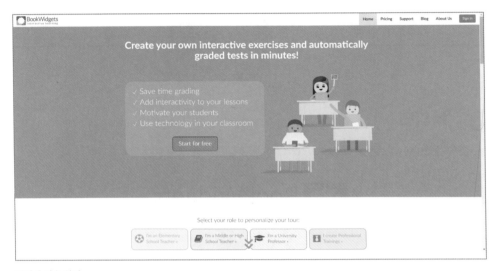

북위젯 접속 화면

북위젯 온라인 서비스 분석

구분	세부 기능	기능 구현
학습 피드백	발표(피드백 통계)	○
	설문(피드백 통계)	×
	퀴즈(통계 순위 개별 피드백)	×
	학습지(개별 피드백 통계)	○

단순 수업도구
(수업 활용 프로그램)

📖 구글 클래스룸 스크린

· 접속 주소: classroomscreen.com

구글 클래스룸 스크린^{Google Classroom Screen}은 수업에서 사용하는 시각적 도구를 표시하는 온라인 칠판입니다. 교실이나 실시간 온라인 수업에서 PC, 태블릿, 스마트폰으로 화면을 공유해 배경 화면처럼 사용하면 편리합니다.

로그인 없이 화면 사용이 가능합니다. 구글 계정으로 로그인하면 투표나 추첨을 위한 학생 이름 저장은 무료로 가능하지만 화면 구성이나 내용 저장은 되지 않아 매번 화면 구성을 해 주어야 합니다. 유료인 프로 버전에서는 화면 내용을 저장하여 스크린을 재사용할 수 있습니다.

세부 기능

12가지 위젯으로 화면 구성이 가능합니다.

· 배경: 이미지나 색으로 칠판 배경 변경

- **무작위 이름**: 학생 이름을 미리 입력해 두고 무작위 선택 가능(질문, 자리, 당번 뽑기). New 버전에만 있음
- **주사위**: 주사위 1~3개까지 임의의 수 추첨(모둠이나 번호 선택에 사용)
- **소음 수준**: 마이크 연결 수업 소음 측정
- **미디어**: 사진, 유튜브 링크, 웹캠 화면
- **QR 코드 생성**: 참고자료나 전달하려는 URL을 바로 QR 코드로 생성
- **그리기**: 전체 화면이나 작은 창으로 그림이나 메모 작성
- **문자**(텍스트 상자): 글 상자, 메시지, 전달, 지시 사항을 입력하여 제시
- **활동 표시**: 학생들이 해야 할 행동(침묵하기 / 속삭이기 / 친구에게 물어보기 / 함께하기)을 알려 줌
- **신호등**: 집중 강의 시간 / 질문 시간 / 자유로운 학습 상황 구분해 주기
- **타이머**: 학생 과제 수행시 남은 시간 알려주기
- **스톱워치**: 소요 시간 측정
- **시계 / 달력**: 온라인 수업에서 실제 날짜와 시간을 알려줌
- **설문**(Poll): 투표 피드백 수집
- **그룹 구성**(Group Maker): 모둠 구성(조원 추첨)

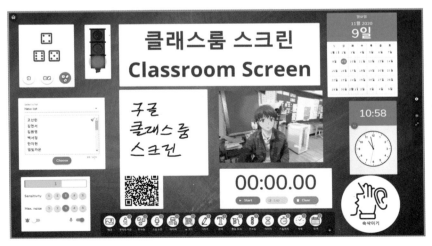

구글 클래스룸 스크린 사용 화면

구분	세부 기능	기능 구현
기타 수업 도구	달력 / 시계	○
	타이머 / 스톱워치	○
	화면 확대 축소	×
	마우스 커서 변경 / 확대 축소	×
	화면 위에 글씨 쓰기 / 그림 그리기	×
	화면 저장 / 화면 영상 녹화	×

📖 아이캔스크린 / 아이캔노트

• 다운로드 주소: cafe.naver.com/icannote/2989

　　　　　　　 cafe.naver.com/icannote/2988

아이캔스크린^{ICanScreen}과 아이캔노트^{ICanNote}는 윈도우 PC 및 노트북용 무료 전자 판서 프로그램입니다. 아이캔스크린은 윈도우 화면 위에 글씨, 그림(도형), 필기(그리기)가 가능하고 아이캔노트는 PDF, HWP, JPG, PPT 문서를 불러오거나 빈 문서에 필기하거나 글자를 판서하고 저장이 가능합니다. 아이캔노트는 온라인 수업 자료나 개인 공부에 사용하고 아이캔스크린은 선생님들이 온라인 실시간 수업에서 화면에 필기하며 설명을 할 때 편리합니다. 특히 판서, 첨삭 등 화이트보드 기능을 지원하지 않는 발표자료를 쓸 때 유용합니다. 특히 다른 판서 프로그램에 비해 필압(압력) 감지가 되기 때문에 디지털 펜을 사용하면 단순한 선 긋기보다 수업 효과가 좋습니다. 각종 도형 툴로 여러 가지 모양을 그릴 수 있으며, 회전 및 지우개 툴로 편집할 수 있습니다. 글자 툴로 글자를 타이핑하거나 펜 툴로 글씨를 쓸 수도 있습니다. 한편 형광펜 툴로 특정한 부분을 강조하거나 포인터 툴을 이용해 레이저처럼 커서로 학생 시선을 유도하는 기능도 유용합니다. 아이캔노트와 아이캔스크린은 개인, 기업, 기관, 단체 사용자 구분 없이 무료입니다.

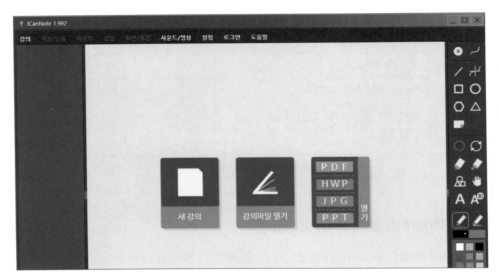

아이캔노트 스크린 사용 화면

구분	세부 기능	기능 구현
기타 수업 도구	달력 / 시계	×
	타이머 / 스톱워치	×
	화면 확대 축소	×
	마우스 커서 변경 / 확대 축소	×
	화면 위에 글씨 쓰기 / 그림 그리기	○
	화면 저장 / 화면 영상 녹화	○

줌잇

- 다운로드 주소: docs.microsoft.com/ko-kr/sysinternals/downloads/zoomit

줌잇^{Zoomit}은 윈도우 프레젠테이션을 위한 화면 확대·축소 및 주석 도구입니다. 어떤 화면에서도 단축키를 이용한 화면 확대 및 축소, 그리기 등 온라인 실시간 수업에서 화면 설명에 꼭 필요한 기능을 가지고 있습니다. 기능은 단순하지만 프로그램이 가볍고 빨라 온라인 수업에 설명할 때 유용합니다.

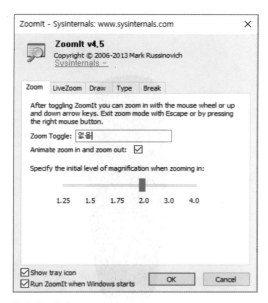

줌잇 메뉴 화면

구분	세부 기능	기능 구현
기타 수업 도구	달력 / 시계	✕
	타이머 / 스톱워치	✕
	화면 확대 축소	○
	마우스 커서 변경 / 확대 축소	✕
	화면 위에 글씨 쓰기 / 그림 그리기	✕
	화면 저장 / 화면 영상 녹화	✕

📖 클래모

• 접속 주소: classtech.co.kr/manual/clamo

클래모^{Clamo}는 프레젠터, 에어마우스 기능을 가진 클래모를 구입하면 사용할 수 있는 프로그램입니다. 타이머, 확대, 강조, 위치 표시, 가상 레이저 등 마우스 기능을 보완하고 수업에 필요한 기능을 사용할 수 있습니다. 단순한 마우스 표시 기능 외에도 화면 부분 확대, 커서 강조, 학생 모둠 관리까지 수업에 필요한 기능이 많아 프레젠터 구입 시 추천 아이템입니다.

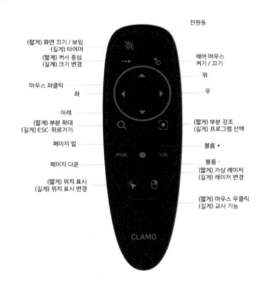

클래모 세부 기능

구분	세부 기능	기능 구현
기타 수업 도구	달력 / 시계	✕
	타이머 / 스톱워치	✕
	화면 확대 축소	○
	마우스 커서 변경 / 확대 축소	○
	화면 위에 글씨 쓰기 / 그림 그리기	✕
	화면 저장 / 화면 영상 녹화	✕

📖 윈도우10 스티커 메모 / 캡처 도구 / 녹화 기능

온라인 수업 자료 제작이나 수업시 사용이 가능한 윈도우10 기본 프로그램입니다. 윈도우10 운영체제 자체 내장되어 별도의 설치 없이 바로 사용이 가능합니다.

스티커 메모는 윈도우 바탕화면에 포스트잇처럼 간편하게 메모를 붙여 기록합니다. 윈도우 시작 화면에서 선택할 수 있습니다. 캡처 도구는 화면 스크린샷을 저장합니다. 윈도우 시작 화면에서 선택하거나 Win + PrtSC 을 눌러 화면을 캡처합니다. 녹화 기능은 프로그램 영상을 저장합니다. 녹화할 창이 열린 상태에서 Win + G 나 Win + Alt + G 혹은 Win + Alt + PrtSC 를 누릅니다.

윈도우10 스티커 메모 사용 화면

윈도우10 캡처 도구 메뉴 화면

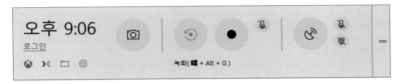

윈도우10 녹화 기능 메뉴 화면

구분	세부 기능	기능 구현
기타 수업 도구	달력 / 시계	×
	타이머 / 스톱워치	×
	화면 확대 축소	×
	마우스 커서 변경 / 확대 축소	×
	화면 위에 글씨 쓰기 / 그림 그리기	×
	화면 저장 / 화면 영상 녹화	○

5장

선생님들이 자주 겪는
문제 Q&A

실시간 온라인 수업은
교실 수업과는 다르게 어려운 점이 많은데
어떻게 해결할 수 있을까요?

많은 선생님들이 겪고 계신
실시간 화상 수업의 어려운 점을
사례별로 알아볼까요?
온라인 수업도구의 사전 설정과
학생 돌발행동에 대한 대처 방법을
미리 알고 계시면 금방 극복하실 것입니다.

갑작스러운 온라인 개학으로 그동안 선생님들은 급하게 온라인 원격 수업을 준비하고 진행해 왔습니다. 선생님들은 시행착오 끝에 겨우 온라인 수업 플랫폼에 점차 익숙해지고, 직접 학생과 대면할 수 없는 상황에서 학생들과 원활하게 상호작용하는 방법을 고민하고 있습니다. 교사뿐 아니라 학생과 학부모들도 새로운 방식의 수업에 적응하고 있습니다. 그러나 여전히 어려움도 많습니다. 학생들을 지도하거나 온라인 수업 플랫폼을 사용할 때 선생님들이 자주 겪는 어려움을 살펴보고 간단하게나마 팁을 드리고자 합니다.

자주 겪는 문제
Q&A

🗯 아이들이 자꾸 떠들어요

학생들은 언제나 말하고자 하는 욕구가 있습니다. 어른들에 비해 자신을 표현하려는 욕구가 강하지요. 교실에서는 아이들이 자리에서 떠들어도 교사에게서 떨어져서 말하기 때문에 소음이 크게 느껴지지 않지만, 화상 수업 환경에서는 훨씬 크게 느껴집니다. 줌의 기본 설정 중 오디오의 마이크 볼륨 자동 조정 기능을 사용하면 작게 말하는 목소리도 자동으로 증폭시켜 크게 들려주기 때문입니다.

화상 수업에서 학생들이 계속 떠들거나 실수로 소음을 낸다면 수업 환경이 소란스럽고 집중도가 떨어질 수 있습니다. 그래서 음소거 기능을 적절하게 사용할 수 있어야 합니다. 교사(호스트)는 학생을 한 명씩 지정해서 음소거를 할 수도 있으며, 모든 학생에 대해 음소거를 설정할 수도 있습니다. 학생들은 학생 본인의 소리만 음소거를 설정하거나 풀 수 있습니다. 두 가지 방법을 적절하게 사용하되, 학생들에게 직접 음소거를 할 수 있는 방법을 알려주는 것이 좋습니다. 중·고등학생은 물론이고 초등학생도 조금만 가르쳐 주면 쉽게 할 수 있습니다.

또한 가정에서 접속할 경우에 다른 가족들이 말하는 소리가 들려 수업에 방해를 줄 수 있습니다. 독립된 공간이 있다면 외부 소음 문제가 자주 발생하지 않지만, 가정에서 외부와 독립된 수업 환경을 제공해 주기 어려운 경우도 많습니다. 학생 본인이 발표해야 할 때를 제외하고 음소거하도록 가르친다면 이러한 소음들도 대부분 막을 수 있습니다.

줌에서 화면이 자꾸 끊긴다고 해요

수업을 하다 보면 접속 상태가 불량할 때가 있습니다. 대개 사람들의 접속이 몰리는 시간이거나 사용하는 네트워크나 하드웨어의 사양이 낮기 때문입니다. 특히 영상은 아무리 좋은 환경에서 공유하더라도 전송 상태가 불량할 때가 많습니다. 줌을 사용하면서 접속이 불량한 경우를 대비하기 위해 꼭 적용해야 하는 설정이 있습니다. 바로 [비디오 클립에 최적화]입니다. 이 설정을 적용하려면 먼저 [화면 공유]를 클릭하고, 오른쪽 상단의 [더 보기]에서 [비디오 클립에 최적화]를 클릭하면 됩니다.

이 설정을 적용하면 참가자가 볼 때 영상이 상대적으로 원활하게 작동합니다. 단, 영상의 화질이 다소 떨어지게 됩니다. 작은 텍스트는 흐릿하게 보여 알아보기 어려워질 수도 있습니다. 영상을 공유한 후에 다시 프레젠테이션이나 화면을 공유할 경우에는 다시 [비디오 클립에 최적화] 설정을 풀어야 합니다. 그래야 화면이 흐릿하게 나오지 않고 선명하게 나오게 됩니다.

그렇다면 영상을 고화질로 공유하려면 어떻게 해야 할까요? 아쉽지만 각 가정과 학교에 최고급의 장비를 구비하지 않는 이상 화상 회의 프로그램 내에서는 고화질 영상을 공유하기 어렵습니다. 이런 경우에는 영상의 주소를 채팅 창 혹은 학급 SNS에 공유하여 해당 영상을 각자 보고 오도록 지도하는 것이 좋습니다.

줌에서 화면 공유할 때 소리가 안 들린다고 해요

선생님과 학생들이 말하는 소리는 들리지만, 영상의 소리가 들리지 않는다는 경우가 있습니다. 이 경우에는 선생님이 [화면 공유]를 클릭하고 [소리 공유]에 체크해야 합니다.

학생들에게 줌 기능을 설명해 주고 싶어요

학생들이 화상 회의 프로그램에 익숙하지 않은 상태로 수업을 진행하는 경우가 있습니다. 온라인 화상 수업에서는 수업 자체만큼이나 학생들이 화상 회의 프로그램을 잘 다루는 것이 중요합니다. 줌을 비롯해 어떤 다른 화상 프로그램이든 교사가 먼저 충분히 그 기능을 익히고, 학생들에게 가르쳐 주어야 합니다. 잘 알다시피 학생들은 습득력이 빠르고, 겁먹지 않고 이것저것 눌러 보며 시행착오를 거쳐 학습합니다. 기능을 익히는 데는 한두 시간이면 충분합니다. 학생들이 먼저 기능을 익히고 난 다음에 수업을 시작하세요. 수업 중간에 학생들이 프로그램 기능을 충분히 활용하지 못해서 질문을 받다가 수업이 방해되는 불상사를 미연에 방지할 수 있습니다.

줌을 사용할 경우 [화면 공유 중에 Zoom 창 표시]를 하면 교사에게 보이는 화면 그대로를 학생에게 공유할 수 있습니다. 이 기능을 사용하지 않으면 줌의 활용법을 학생에게 알려줄 수 없습니다.

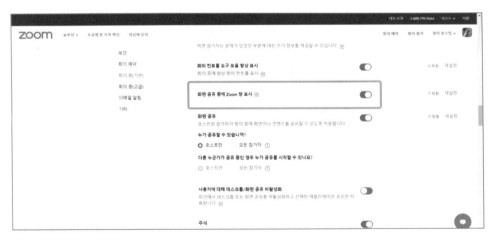

화면 공유 중에 Zoom 창 표시

아이들이 화면 아래에서 딴짓을 할까봐 걱정됩니다

선생님들 역시 원격 연수에서 많이 경험해 보았듯이 온라인 화상 수업도 집중하기 어렵습니다. 학생 중에서는 화면에 집중하지 못하고 다른 창을 띄워 놓고 보거나 화면 아래에서 휴대폰을 하는 등 다른 행동을 하는 경우도 있습니다. 할 사람은 어디서든 열심히 하지만, 안 하려고 마음먹으면 안 하는 것을 막을 수는 없습니다. 다만 이를 줄이기 위해 학생들에게 선생님이 계속해서 학생들에게 관심을 갖고 있다는 사실을 주지시킬 필요가 있습니다.

수업에 들어오지 않는 학생이 있습니다. 어떻게 해야 할까요?

온라인 수업에 여러 가지 이유로 들어오지 않는 학생이 있습니다. 이런 경우 난처합니다. 들어오지 않는 학생을 위해 별도로 학습 자료를 만들어야 할지, 아니면 쌍방향 화상 수업을 녹화하여 공유해 주어야 할지 고민이 됩니다. 마음 같아선 학생의 학습을 돕기 위해 뭐든지 해 주고 싶지만, 녹화한 영상을 주자니 초상권과 저작권 등 여러 가지 걸림돌이 있습니다.

온라인 수업 불참 문제는 학생이 등교에 준하여 대처하면 됩니다. 학교에 오지 않는 것은 결석이고, 화상 수업에 참여하지 않는 것도 마찬가지로 결석입니다. 화상 수업에 접속하지 않는 것이 무단 결석임을 주지시켜 화상 수업에 반드시 참여하도록 유도할 필요가 있습니다.

교사가 신경 써야 할 것은 수업만이 아닙니다. 학습의 전 과정을 설계하고, 그 과정 가운데 적극적으로 개입해야 합니다. 특별히 학생들의 질문을 받거나, 과제를 받을 수 있는 방법을 고민하는 것은 중요합니다. 학생들의 과제와 질문에 대한 적절한 피드백이 온라인 학습의 반응을 높여 줍니다.

채팅 기능 때문에 학교폭력 사건이 일어나요

채팅을 누구나 서로에게 자유롭게 할 수 있도록 설정하면 학생들이 채팅방 내에서 서로 비공개로 대화를 할 수 있습니다. 학생들이 서로 채팅할 수 있다는 사실을 알게 되면 교사의 말에 집중하다가도 서로 대화하게 될 수 있습니다. 이런 경우에 교사가 보지 못한다고 생각하고 친구에게 해서는 안 될 말을 하여 학교폭력 사안으로 커질 수 있습니다. 반드시 참가자 상호 간의 비공개 채팅 기능은 비활성화하기를 권장합니다.

한편 온라인에서 하는 모든 활동은 녹음, 녹화, 캡처될 수 있기 때문에 학생들의 일탈, 괴롭힘 행동이 모두 증거로 남는다는 것을 충분히 교육하고, 절대로 학교폭력 사건이 일어나지 않도록 지속적으로 경고할 필요가 있습니다.

6장

화상 수업
활동 사례

온라인 수업을 시작하고 생각해 보면
교실 등교 수업과 비교해서
장단점이 많은 것 같아요.
어떻게 하면 온라인 수업만의 장점을 살려
효과적인 수업을 할 수 있을까요?

온라인 수업도 실제 등교 수업과 같이
다른 분들의 수업을 많이 보시면 좋을 것 같아요.
앞으로 온라인 수업의 특성상
공유되는 자료가 많을 테니 직접 사례를 보고
학교와 학급 상황에 맞게 재구성하시면
도움이 될 것입니다.

이번 장에서는 온라인 화상 수업 실제 사례와 모형을 살펴보려고 합니다. 먼저 학생의 수업 참여를 유도하는 간단한 방법을 살펴봅시다. 또한 온라인 수업이 진행됨에 따라 온라인 교육 플랫폼과 수업도구에 따라 수업을 재구성해야 할 필요가 있습니다. 전통적 수업을 재구성해 각 과목별 수업모형과 수업 방법을 분석하여 적용할 수 있는 온라인 학습방법과 수업도구들을 사용한 수업 사례를 알아 보겠습니다.

화상 수업 참여를
유도하는 방법

교실 수업에서 교사와 학생 간의 라포^{rapport} 형성이 중요하듯이 화상 수업에서도 수업 참여를 유도하기 위한 비법이 필요합니다. 학생들은 대체로 비디오를 켜기 싫어하고 채팅 창에서 장난스런 대화를 남발하기도 합니다. 간단한 화상 게임을 통해 학생들이 비디오를 켜고 활동에 참여할 수 있도록 유도하는 방법을 소개합니다. 다음에 소개하는 화상 수업 참여를 유도하는 방법들을 줌 수업 10분 전 또는 수업 시작 후에 3분 정도 적용해 보면 학생들이 자연스럽게 비디오를 켜고 참여하는 모습을 보게 됩니다.

손병호 게임

손병호 게임은 게임 참가자들이 다섯 손가락을 모두 편 상태에서 시작하고, 교사가 말하는 조건에 해당되는 학생들이 한 손가락씩 접습니다. 예를 들어 "남학생 접어" 하면 남학생들은 손가락을 하나 접는 식입니다. 조건은 학생마다 다를 수 있기 때문에, 다섯 손가락을 모두 먼저 접는 학생이 게임에서 패배합니다. 게임에서 조건으로 말할 수 있는 것들로는 가장 쉽게는 '남학생' 또는 '여학생'이 있으며, '안경 쓴 사람', '안경 안 쓴 사람', '아침 식사 한 사람', '옷에 빨간색이 있는 사람', '바지 입은 사람' 등등 여러 가지 조건을 내걸 수 있습니다.

학생들이 게임의 규칙을 이해했고, 충분히 게임을 즐기고 있다면 교사가 아니라 학생들이 조건을 말하게 할 수도 있습니다. 이렇게 마지막까지 펴져 있는 손가락이 남아 있는 1인이 최종 승자가 됩니다. 학생 수가 25명이라면 1~2분 안에 게임이 끝나지 않을 수도 있으므로 수업의 흐름상 손병호 게임은 중간에 정리하고 그만 둘 수도 있습니다. 게임을 할 때 친구에게 인신 공격성 발언이나, 사람에 따라 기분 나쁘게 들리는 조건을 말하지 않도록 충분히 사전에 안내해야 합니다.

웃음 참기 게임

웃음 참기 게임은 한 사람이 표정이나 동작으로 웃기고, 다른 학생들은 웃음을 참는 게임입니다. 웃긴 상황에서 웃음을 참지 못하고, 소리를 내거나 웃음을 터트리면 게임에서 지게 됩니다. 게임에 집중할 수 있도록 웃기는 학생의 화면을 크게 하여 제시해 주면 학생들이 친구의 얼굴을 더 자세하게 볼 수 있어서 좋습니다. 줌의 '가상 배경'이나 '비디오 필터', '스튜디오 효과' 기능을 활용하면 친구들에게 더 웃

 Tip

화면 모드 중에서 [발표자 보기] 기능을 선택하면 화면을 크게 보여 줄 수 있습니다.

음을 줄 수 있습니다. 웃음 참기 게임도 학생들에게 비디오를 켜고 수업 참여를 유도하는 역할을 합니다.

물건 가져오기

줌 수업을 하다 보면 안내된 시간보다 10분 정도 먼저 줌 교실을 개설해 놓고 기다리게 됩니다. 줌 교실에 빨리 들어오는 친구들도 있고 지각하는 친구들도 있지요. 이렇듯 수업을 개설하고 학생들이 속속 들어오는 중에 10분 동안 적용해 보면 좋은 활동입니다. 각자 집안에서 학생들이 관심을 가질 만한 물건을 하나씩 가져와 보여 주면서 물건과 관련된 스토리를 들려주도록 요청해 보세요. 각자 하나의 주제로 이야기하는 동안 차분하게 수업을 준비할 수 있습니다.

예를 들어, 교실을 둘러 보니 스테레오 스피커가 눈에 띄었습니다. 처음에는 무엇에 쓰는 물건인지 물어보고 채팅 창으로 이런저런 답변을 받은 다음 스테레오 스피커의 좋은 점을 설명해 줍니다. 스피커로 음악을 들을 때 좋은 점과 작동 원리를 이야기하거나 스피커를 돌려가며 전체 모습을 보여 주기도 합니다.

스트레칭하기

실시간 화상 수업은 긴 시간을 의자에 앉아 모니터를 보는 경우가 많으므로 스트레칭은 필수입니다. 팔꿈치가 의자보다 높게 위치하도록 의자의 높이를 조절하면 편안한 자세로 줌 교실 수업에 참여하는 데 도움이 됩니다. 아침에 실시간 조회를 할 때 실시하면 효과적입니다.

의자에 앉아 스트레칭으로 좋은 영상은 박지성 월드컵 응원 체조를 권합니다. 선생님이 유튜브로 박지성 체조를 검색하여 학생들에게 제시해 줍니다. 박지성 체조는 방이 좁은 경우도 있으므로 의자에 앉아 선생님이 공유해 주는 영상을 보면서 따라해 봅니다.

 Tip

　　유튜브의 학생 참여를 높여 주는 채널로는 '흥딩스쿨', '츄츄서방님'을 추천합니다.

엘리베이터 놀이

엘리베이터 놀이는 턱이나 어깨 등 선생님이 제시하는 신체 부위를 단계별로 올려

주고, 내려 주는 스트레칭 놀이입니다. 의자에 앉아서 하는 활동이 많아서 자연스럽게 스트레칭을 유도합니다. 예를 들어 "턱을 올립니다."라고 시작한다면, "5층, 10층, 15층, 20층" 하며 각 단계별로 턱을 높이고 3초간 들고 있게 합니다. 그러다가 "지하 1층, 2층, 3층, 4층, 5층" 하며 턱을 점점 내리게 합니다.

신호등 놀이

교사가 제시한 문장에 해당되면 줌 채팅 창에 자기의 사례를 씁니다. 예를 들어 '겨울이 좋은 이유를 한 가지만 써 봅시다'라는 문장을 제시하면, 채팅 창에 '추운 겨울에 먹는 호빵이 최고예요' 이런 문장이 넘쳐나게 올라옵니다. 초록불(= 활동 주제에 해당하는 경험이 있는 경우), 빨간불(=안 좋은 기억이 있는 경우), 노란불(=애매한 경우 굳이 참여하지 않아도 됩니다) 세 가지로 반응할 수 있게 안내합니다. 그런 다음 채팅 창에 올라온 초록불의 사례를 학생들에게 읽어 주다 보면 수업 참여도를 높일 수 있습니다.

1교시에 원격 수업을 진행해 보니 대답하기 어려운 질문보다는 쉬운 질문을 제시했습니다. 예를 들어 "이른 시간인데 아침밥을 먹은 학생은 '네'라고 채팅 창에 적

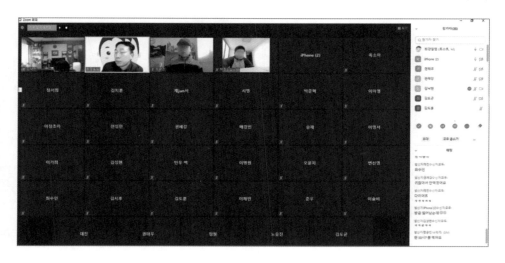

어 주세요"(=초록불), 그 다음에 귀찮아서, 다이어트 등의 이유로 "아침밥을 먹지 않은 학생은 '네'라고 채팅 창에 적어 주세요"(=빨간불), "의견이 없어도 스트레스 받지 마세요"(=노란불) 같은 식으로 제시했습니다.

짜잔 스크린샷

교사가 제안한 문장을 따라 A4 용지에 가로로 그림을 그립니다. 준비물은 색연필과 종이만 있으면 됩니다. A4 용지를 권장하지만 공책도 상관없습니다. "들어 주세요" 하면 그림을 전면에 보여 줍니다. 실제로 해 보면 활동 주제에 집중하는 효과를 거둘 수 있으며, 더불어 비디오를 켜는 효과도 거둘 수 있습니다. 수업을 시작하면서 짜잔 스크린샷 활동을 할 텐데 준비물을 챙겨서 수업 중에 알게 된 낱말을 차례대로 적으라고 안내하면 수업 참여율이 높아집니다.

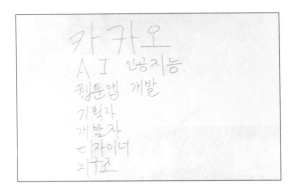

 Tip

줌 화면 모드 중에서 [갤러리 보기]를 선택하면 효과적입니다.

나야나 나야나

교사가 줌에서 [비디오 설정]에서 [추천 비디오]를 선택하면 학생 중에 누가 클로즈

업되어 나올지 모르기 때문에 흥미진진합니다. 학생들이 비디오를 꺼 두려는 경향이 있어서 수업 초반에 [추천 비디오]를 적용하면 웃으면서 수업을 시작할 수 있습니다.

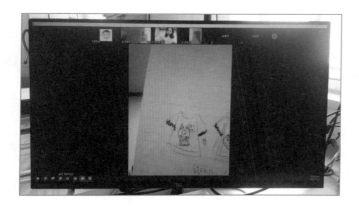

우리 발표하러 갑니다

발표 수업 시 줌 소회의실에서 토의 후에 전체 화면으로 복귀합니다. 소회의실 토의 시간은 평균적으로 3~5분 정도 주어집니다. 우리 모둠(=회의실)이 발표할 차례가 되면 다른 모둠원들은 비디오를 끄면 전체 화면에서 사라져서 집중 효과를 거둘 수 있습니다.

 Tip

[비디오 설정]에서 [비디오 없는 학생은 갤러리 보기에서 숨김]을 선택하면 됩니다.

실시간 화상 수업에 적합한 온라인 수업도구

실시간 화상 수업을 진행하려면 기본적으로 학급 및 수업관리 도구가 필요합니다. 여기서는 실시간 화상 수업에서 진행하기 어려운 학생 참여 및 상호작용, 협업 및 결과 정리를 위한 도구를 분류했습니다.

수업 과정에 따른 온라인 수업도구 추천

각 수업 과정별 학습 내용과 적합한 온라인 도구를 추천하면 다음과 같습니다.

(1) 도입 단계

핵심 내용	학습 내용	온라인 수업도구
동기유발	학생의 수업에 대한 관심 동기유발 교과서나 동기유발 자료 / 학습 문제에 접근 유도	유튜브 / EBS 영상 자료

핵심 내용	학습 내용	온라인 수업도구
선수 학습 확인 사전 과제 발표	적절한 소재, 전달 방법 선수 학습 확인, 사전 과제 학습 발표	학급관리 선택 활용 가능 (클래스123, 하이클래스, 아이엠티처, 클래스팅, 위두랑, 밴드, 카카오톡) 수업관리 도구 선택 활용 가능 (팀즈, 구글 클래스룸, e학습터, EBS 온라인 클래스)
학습 안내	학습 안내	수업관리 도구(팀즈, 구글 클래스룸, e학습터, EBS 온라인 클래스) / G Suite

(2) 전개 단계

핵심 내용		학습 내용	온라인 수업도구
콘텐츠 활용 학습		학습목표 달성을 위한 주요 과목 내용 및 학습 활동	EBS 온라인 클래스 / e학습터
과제 수행 학습		단순 쉬운 과제에서 복잡하고 어려운 과제로 발전	클래스룸 / 마이크로소프트 팀즈
수행평가 / 심화 보충 학습 / 상호 평가	탐구 발견학습	학생의 수업 참여 유도 스스로 지식 정보 획득 조직 기회 제공	잼보드 / 패들렛
	토의학습	학습자 간 및 학습자-교사 간 상호작용 소집단별 역할 분담(교사의 관찰) 토의 결과 환류(전체 학급 정리)	줌 소회의실 기능
	협동학습	역할 분담 - 집단 구성 학생 간 상호작용 활성화(교사 개입 필요)	구글 문서 도구 및 드라이브 / 원노트 및 원드라이브
	수행평가	수행평가 / 심화 보충 학습 / 상호 평가	띵커벨 / 카훗 / 퀴즐렛 / 퀴즈앤

(3) 정리 단계

핵심 내용	학습 내용	온라인 수업도구
결과 발표 (수업, 토의)	학생이 활동한 학습 결과를 발표하고 정리하는 시간 학생 상호간 의견을 주고 받고 교사 주도로 정리하는 시간 발전 학습	구글 프레젠테이션 / 스웨이

교과서 공책 정리	교과서, 보조 교과서, 공책 충분히 활용	구글 문서 도구 / 구글 킵 / 메모 도구
상호 의견 피드백	학습 정리 / 학습지 결과 처리 후 피드백	멘티미터 / 니어팟 / 슬라이도
학습 정리	판서(학습 내용 구조화, 도표화, 요점화) 핵심 정리	구글 문서 도구 / 클래스룸 스크린
학습지 해결	학습지 제작	라이브워크시트 / 티처메이드 / 북위젯

📖 수업유형에 따른 온라인 수업도구 활용의 특징

다음은 대표적인 수업유형에 따른 온라인 수업도구 활용의 특징입니다. 전통적인 기존 수업 방법의 장점을 살리고 단점을 보완하기 위해 교육용 IT 기술 서비스(에듀테크)와 온라인 수업도구를 활용하면 좋은 점입니다.

(1) 온라인 강의식 수업

수업유형	• 일방적 의사소통을 온라인 방식으로 보완 • 학생 강의 확인 시스템 • 교사 및 학생 협업 피드백 보완
장점 강화	• 정해진 시간이 아닌 사전 교육 및 사후 강화 가능 • 기초 지식 구성 및 훈련 코스 구성 • 다양한 교사의 수업 진행 가능 • 학습량, 수업 시간 학생 조절 가능
장점 강화	• 여러 교사가 협업해 교과서를 재구성하고 콘텐츠 질 향상 • 교사의 사전 노력 필요 • 다양한 수준으로 학습자별 콘텐츠 구성 가능
단점 보완	• 학습자 개성 능력에 따른 여러 코스 개설 가능 • 개별화 학습을 위한 댓글 추후 지도 • 쌍방향 온라인 수업을 통해 보완

활용 도구	• 학급관리(클래스123, 하이클래스, 클래스팅, 아이엠티처, 위두랑) / 수업 구성(팀즈, 클래스룸, e학습터, EBS 온라인 클래스) / 화상 수업 서비스(줌) • 수업 구성(팀즈, 클래스룸, e학습터, EBS 온라인 클래스) / 화상 수업(줌) / 평가 설문 피드백 서비스(구글 프레젠테이션, 구글 설문, 스웨이, MS폼즈, 멘티미터, 슬라이도, 워드월, 니어팟, 카훗, 퀴즐렛, 띵커벨, 클래스카드, 퀴즈앤)

(2) 온라인 토의 수업

수업유형	• 교사-학생 간, 학생 간 온라인 상호작용 • 문제해결을 위한 의견 교환 및 기록 • 온라인 의사 결정
장점 강화	• 개방적 의사소통으로 협조적 분위기를 조성해 학습자의 적극적인 참여와 흥미 유발 • 의사소통 능력을 연습할 기회 제공 • 집단 활동의 기술 개발 및 민주적 태도 배움 • 직접교수법과 다른 의미를 찾기 위한 끊임없는 질문과 답변을 통해 모호함을 인내하고 멀리보는 학습자에게 적합
단점 보완	• 토의준비와 계획단계 진행과정 시스템화 시켜 반복할 수록 업그레이드 가능 • 학습자 자발적 적극적 참여에 태만 방관 방지 위한 개별 과제 확인 피드백 시스템 • 학습자 토의주제에 충분한 수준과 파악을 위한 강의식 수업 연동 • 교실 물리적 심리적 환경 영향 최소화 온라인 시스템 활용
활용 도구	• SNS 온라인 의사소통(클래스123, 하이클래스, 클래스팅, 아이엠티처, 위두랑) • 실시간 화상 수업 줌 소회의실 기능 활용(줌)

(3) 온라인 협동학습

수업유형	• 4~6명 구성원이 서로 협동하여 과제 결과물을 완성하는 과정 • 협동학습 성공의 5가지 기본 요소 보완(긍정적 상호의존성 / 면대면 상호작용 / 개별적 책무감 / 사회적 기술 / 집단의 과정화)
장점 강화	• 온라인 학습 서비스를 통한 협업 문서 작성 • 쌍방향 화상 서비스를 이용해 소모임 협의를 통한 전체 의견 수렴 • 협동학습을 통한 다양한 온라인 자료 축적 • 서로의 의견, 과제 교류를 통한 의견 수합 온라인 활동을 통한 차원 높은 사고력과 편집 능력 발달

단점 보완	• 현장 협동학습과 달리 협업 문서 이력이 남아 기여도를 한눈에 알 수 있어 무임승차 방지 • 각자의 의견이나 주제를 분류하거나 재배치해서 팀을 구성할 수 있어 최대한 협업이 일어날 수 있는 모둠 구성 • 쌍방향 화상 수업 소모임 기능으로 모둠 및 전체 협업 가능
활용 도구	• 줌 소회실 + 잼보드 • 줌 + 패들렛 담벼락 기능

(4) 온라인 문제 중심 학습

수업유형	• 실생활의 비구조화된 문제를 해결하는 과정을 통해 필요한 지식을 학습자 스스로 배울 수 있도록 유도 • 학습자 중심 • 문제해결, 정보 검색·수집·분류 • 소집단별 학습 / 교수 조력자 안내자 역할 • 맥락중심적 순환적 성격
장점 강화	• 강의식 콘텐츠를 제공하고 소모임 전체 모임에서 협동학습 및 자료 발표 정리 등 다양한 활동 프로젝트 관리 • 수업 진행에 따라 온라인 서비스나 협업 문서를 통해 각자 준비한 자료를 취합하여 과제 관리 • 각자의 주제의 유사성에 따라 학생들을 배열하여 좀 더 많은 참여자 확보 • 소집단별 강의식 수업 후 자료를 구성하고 발표하는 등 협동학습 운영
단점 보완	• 다양한 프로젝트 진행 자료 축적, 시행착오 기록을 통해 빠른 과제 진행이 가능 • 교사의 코칭 능력을 온라인 서비스가 보완하여 좀 더 많은 학생들이 참여 가능 • 등교 수업에서는 어려운 자료 검색과 발표, 토론, 정리 등 과제 관리
활용 도구	•멘티미터 / 니어팟 / 슬라이도 •줌 + 구글 프레젠테이션 / 스웨이

강의식 수업 사례

짧은 시간에 많은 학습 내용을 전달할 수 있는 강의식 수업을 사용하는 경우 콘텐츠 제시형에 비해 실시간 화상 수업이 많이 사용됩니다. 우리 학교와 학급 상황에 꼭 맞는 설명이 가능하여 학생들이 이해하기 좋기 때문입니다. 하나부터 열까지 미리 알려 줘야 하는 초등학교 저학년들도 강의식 설명 수업이 이루어진 후에야 반복과 체험이 이루어집니다. 다만 강의에 집중할 수 있는 시간이 초등학생은 5~10분 정도로 짧기 때문에 온라인 수업에서는 흥미 유발과 재미, 환기와 반복이 특히나 중요합니다.

강의식 온라인 수업에 적합한 과목별 주제로는 국어 읽기 수업, 수학 문제해결, 사회 개념 이해, 과학 주제 전달 등을 들 수 있습니다. 강의식 수업도 온라인 실시간 화상 수업에서 사용하는 도구에 따라 특별해질 수 있습니다.

강의식 수업 절차에 따른 온라인 수업도구

강의 절차	학습 활동	온라인 수업도구 추천
강의 도입	• 흥미 있는 소재(학습주제 관련 사진, 영상) • 공감하는 표현 • 강의 내용 한눈에 보기(교사 효과적인 프레젠테이션) • 동기 흥미 유발(재미와 흥미)	구글 프레젠테이션 / 스웨이 / 유튜브 / EBS 라이브러리
강의 진행	• 자연스러운 말투(발음, 억양) • 비언어적 표현(제스처 표현) • 진행 강약 조절 • 중요한 부분 반복 • 새로운 학습내용 개별/협동학습과제(지식과 실천)	줌 / 카훗 / 퀴즐렛 / 클래스카드
강의 마무리	• 발표 기록 • 흥미 있는 소재 • 자신의 경험과 연결, 실생활 활용 요소(감동과 공감)	클래스123 / 하이클 래스 / 클래스팅

📖 토의학습 수업 사례

교사와 학생 간의 토의를 바탕으로 학습 성과를 학생 자신이 발견하여 알게 하는 수업입니다. 토의와 토론의 차이를 분명히 확인시켜 승패를 따지는 것이 아니라 합리적이고 논리적으로 상황을 인식하여 더 좋은 결정을 내리는 방법으로 활용합니다. 특히 상대방의 의견을 존중하면서 보완점이나 반론을 펼치고 의견을 종합하는 태도가 중요합니다. 토의 활동을 온라인에서 기록하여 방관, 무임승차를 예방하고 적극적인 참여를 유도하여 결과 도출을 위한 협력을 이끌어낼 수 있습니다.

일반적인 토의 절차에 따른 온라인 수업도구

학습 절차	학습 활동	온라인 수업도구 추천
주제 선정 및 사전 조사	• 토의 목적 확인 • 토의 주제 설정	클래스123 / 하이클래스 / 클래스팅
안내	• 토의 활동에 필요한 조사 • 토의 방식 결정 • 집단 편성 및 역할분담 • 토의에 필요한 준비물 확인 • 토의의 구체적 절차 확인	잼보드 / 패들렛 / 비캔버스
토의 전개	• 집단별 주제 및 역할 확인 • 구성원 간 토의 전개	줌 소회의실
정리	• 토의의 결과 정리 및 반영 • 토의에 대한 개인의 반성 및 평가	잼보드 / 패들렛 / 비캔버스

📖 협동학습 수업 사례

협동학습은 협동, 상호작용, 학생 중심이라는 3가지 핵심 키워드를 중심으로 학습에서 학생들이 더 깊게 참여하는 수업을 말합니다. 교사가 지식을 전달해 줄 뿐만 아니라 학습자가 직접 지식을 발견하고 구성하고 변형하고 확장하면서 학생 간의 상호작용, 협력으로 일어나는 수업 활동입니다. 구조화된 또래 가르치기를 통해 학생들이 함께 활동하고 발전하며 자신과 다른 친구들의 학습을 추가할 수 있는 소그룹을 교육적으로 활용합니다. 온라인 협동학습은 경쟁을 유도해 실패와 성공을 나누는 대신에 서로 동기부여를 해서 협력적인 수업을 이끌어 낼 수 있습니다.

일반적인 협동학습 절차에 따른 온라인 수업도구

협동학습 절차	학습 활동	온라인 수업도구 추천
교사의 수업 안내	• 강의, 사진, 영상, 학습 동기유발 • 전문가 자문 • 과제지 배포(배경 설명)	클래스123 / 하이클래스 / 클래스팅
소집단 학습	• 소집단 활동 팀워크 다지기 • 소집단 활동 규칙 • 소집단 역할 분담 • 소집단 탐구 및 발표 • 학생 중심 학급 토의·토론 • 소주제 선택 분담 발표(학생 행동 모니터링)	줌 소회의실 + 잼보드 / 패들렛 / 비캔버스
평가	• 집단활동 발표 결과 • 개인 - 모둠 - 학급 의사 결정(발표) • 학생 40%, 교사 60% 비율 평가(교사 보완) • 자기 평가 • 개인별 퀴즈	멘티미터 / 니어팟 / 슬라이도
보상	• 소집단 보상 • 개인별 보상 • 조언과 칭찬	클래스123

📖 문제중심학습 수업 사례

문제중심학습Problem-based learning, PBL은 학생 발달 수준에 맞게 흥미를 가질 만한 문제 상황을 제시하고 그것을 해결해 가는 과정에서 배우는 수업입니다. 교과서 중심의 강의와 달리 학생 스스로 학습과정에 적극 참여해 학습목표 및 방향, 평가 등 학습자의 실제 생활과 밀접하게 관련된 복잡하고 비구조적인 문제를 해결하는 방법을 익히는 교육적 가치가 있습니다.

일반적인 문제해결학습 절차에 따른 온라인 수업도구

학습 절차	학습 활동	온라인 수업도구 추천
가설 / 해결 방안 (Ideas)	• 가설 세우기(실험 연구) • 큰 틀 잡기(글 쓰기)	구글 문서 도구 / 원노트
이미 알고 있는 사실(Facts)	• 학습의 출발(학습자의 수준, 배경, 지식, 관심) • 학습 자료(주어진 과제, 과제에 대해 알 수 있는 사실)	패들렛 / 비캔버스
더 알아야 할 사항 (Learning Issues)	• 학습을 통해 습득해야 할 사항 • 집중적으로 학습할 내용(소그룹, 개별 학습)	라이브워크시트 / 티처메이드 / 북위젯
평가	• 학습자 개별 평가(성찰 저널) • 조별 과제 발표 평가(학습자 간, 교사 평가) • 그룹 내 평가(학습자 끼리 모둠원 평가)	구글 설문 / 마이크로 소프트 폼즈

국어
온라인 수업 사례

국어 수업은 초등학교에서 가장 많은 시간을 할애하는 기본 교과이며, 온라인 수업에서도 가장 큰 비중을 차지합니다. 학교 교실에서 이루어지던 활동을 실시간 수업도구인 줌과 함께 별도의 앱을 이용해 화면 공유를 통해 확인하면서 수업을 학생들과 함께 한다면 효과적으로 진행할 수 있습니다. 국어는 대표적인 학습모형과 수업 방법을 온라인 수업을 위해 다음과 같이 언어 지도(교사 및 결과 중심), 언어 지도(학생 및 과정 중심), 어휘 지도, 읽기(독서) 지도 온라인 수업 등 4가지로 재구성하고 효과적인 수업도구를 연결해 정리했습니다.

📖 초등 국어 수업유형별 온라인 수업 재구성

언어 지도(교사 및 결과 중심) 온라인 수업

전체를 세부 요소나 과정으로 나누어 순서대로 익혀 목표에 도달하는 스키너 환원주의와 비슷한 교사 중심 교수 모형을 사용합니다. 직접교수 모형에 교사 및 결과 중심의 언어 지도를 온라인 수업에 적용하여 교사 중심 모범 글을 제시하여 반복적 연습, 모방을 통해 결과를 도출하는 결과 중심 접근 수업으로 구성합니다.

수업유형	언어 지도(결과 중심)	수업 특징	교사 중심 사례 제시 후 활동하기	
수업모형 (직접교수)	설명하기	시범 보이기	질문하기	활동하기
학습방법	교사 설명	교사 시범	교사와 학생 상호작용	학생 중심 학습
온라인 수업 과정 (직접 교수모형 재구성)	설명	시범	질의 응답	스스로 학습
온라인 학습방법	실시간 화상 콘텐츠 활용 전달 동기유발 학습 이해	실시간 화상 콘텐츠 활용 전달 시범 작품	실시간 화상(온라인 피드백 도구) 상호작용	실시간 화상 (협업 프레젠테이션) 모둠별 협업 발표 결과 응용 피드백
평가	줌 + 구글 프레젠테이션	줌 + 잼보드	줌 + 멘티미터 / 슬라이도	줌 + 구글 문서 도구 / 원노트

언어 지도(학생 및 과정 중심) 온라인 수업

학습자 중심으로 사례를 통해 귀납적 지식을 발견하고, 그것을 일반화할 수 있는 개념과 규칙 발전에 초점을 두고 재구성합니다. 지식 탐구 학습모형에 학생 및 과정 중심 언어 지도 수업 방법을 적용합니다. 학생 중심 상호작용, 협의, 일련의 언어 사용 과정 자체를 중시하는 과정 중심 접근 수업입니다.

수업유형	언어 지도(과정중심)	수업 특징	학습자 중심의 사례를 통한 지식 발견 일반화할 수 있는 개념과 규칙 발견	
수업모형 (지식 탐구)	문제 확인	자료 탐색	지식 발견	지식 적용
학습방법	동기유발 학습 문제 학습의 필요성 확인	기본 자료 사례 탐구	자료 사례 일반화 지식 발견·정리· 발표	지식 적용 일반화 사례 발표
온라인 수업 과정 (지식 탐구 모형 재구성)	문제 확인	자료 탐색 정리	지식 발표	사례 발표

온라인 학습방법	실시간 화상 콘텐츠 활용 전달 동기유발 학습 이해	자료 탐색 스크랩 저장 자료 및 의견 나누기	실시간 화상 (과제 수행 피드백) 교사 피드백	학생 최종 결과 정리 다양한 방법으로 표현
온라인 수업도구	줌 + e학습터 / EBS 온라인 클래스	구글 클래스룸 / 마이크로소프트 팀즈	줌 + 패들렛 / 비캔버스	구글 프레젠테이션/ 파워포인트

어휘 지도 온라인 수업

어휘 지도 온라인 수업은 가치탐구 학습모형의 가치 확인-가치 발견·추출-다양한 가치 선택 3단계와, 어휘 지도 수업모형의 문제 분석-가치 확인-가치 평가-가치 일반화 4단계를 결합하여 재구성한 수업입니다.

가치탐구 학습모형 및 어휘 지도 수업모형을 결합한 어휘 지도 온라인 수업 활동 내용은 낱말의 의미와 구조를 깨닫게 하는 말놀이부터 국어사전 찾기 활동(어려운 낱말, 비슷한 말, 반대말, 동음이의어, 다의어)으로 이어지고, 문맥이나 상황 등 맥락 활용 지도와 의미 관계 비교(의미 바탕 분석법, 의미 구조도 그리기) 활동, 낱말 구조 분석(접두사, 접미사, 어근), 말놀이를 통한 지도(학생의 흥미도, 회문, 마방진)로 확장해 나갑니다.

수업유형	어휘 지도	수업 특징	국어사전 문맥 맥락을 활용한 낱말 지도	
수업모형 **(가치 탐구)**	문제 분석	가치 확인	가치 평가	가치 일반화
학습방법	문제 파악 사물이나 사건 의의 중요성	의미 선택 문제 상황 선택	비슷한 말 반대말 동음이의어 정리	응용 문장 만들기 실생활 활용 사례
온라인 수업 과정 **(가치 탐구 모형 재구성)**	**주제 선택**	**자료조사**	**토의 발표**	**문장 만들기**
온라인 학습방법	실시간 화상 (콘텐츠 활용)	자료조사 과제 수행	온라인 발표(게시) 실시간 소모임 활동	과제 수행 보완 결과 정리 다양한 방법으로 표현
온라인 수업도구	줌 + 라이브워크시트 / 티처메이드	패들렛 / 비캔버스	줌 소회의실	멘티미터 / 슬라이도

읽기(독서) 지도 온라인 수업

온라인 수업에서 읽기(독서) 지도는 온라인 감상학습, 온라인 토의·토론을 통해 문학 작품에 대한 감상과 반응, 글에 대한 독자 간 교류 과정과 결과를 강조합니다. 반응 중심 학습모형 4단계인 반응 준비(배경지식 활성화)–반응 형성–반응 명료화–반응 심화(다른 작품과 관련짓기)와 독서지도 수업모형 4단계인 준비하기–읽기 전 활동(예측, 미리보기, 연상, KW(H)L, 질문, 읽는 목적 설정)–읽기 중 활동(글의 구조, 추론하기)–읽기 후 활동(의미지도, 요약하기)–정리하기 활동을 재구성하여 진행합니다.

수업유형	읽기(독서)	수업 특징	다양한 해결 방법이 있는 비구조화된 문제를 자기주도적 학습 진행 수업	
수업모형 (반응 중심)	반응 준비	반응 형성	반응 명료화	반응 심화
학습방법	작품 및 자료 선택 작품 주제 파악	작품 개관 / 읽기 내용 / 개인 반응 정리	작품 이해에 대한 토의·토론 (독자 간 교류)	다른 작품과 관련 짓기 학습 내용 정리
온라인 수업 과정 (반응 중심 모형 재구성)	주제 선택	자료조사	토의 발표	문장 만들기
온라인 학습방법	실시간 화상 (콘텐츠 활용)	과제수행 프레젠테이션 (온라인 게시)	실시간 화상 (소모임 피드백 - 전체 발표) 협업도구 정리	실시간 화상 (협업도구 발표 적용)
온라인 수업도구	줌	패들렛	줌 소회의실	구글 문서 도구

📖 실시간 협업 화이트보드를 활용한 수업 사례

초등학교 4학년 2학기 5단원 〈의견이 드러나게 글을 써요〉 중에서 의견을 제시하는 글을 쓰고 친구들과 의견을 나누는 실시간 화상 수업 사례입니다. 국어 과정 중심 언어지도 수업 방법을 사용한 지식 탐구 모형 수업입니다. 의견을 제시하는 글을 쓰고 친구들과 의견을 나누기 위해 학급신문을 만드는 과정을 학습합니다.

실제 교실 수업에서는 학생들이 모둠별로 모여 학급신문을 전지나 도화지에 만드는 과정이 필요하지만, 온라인 수업에서 학급신문에 들어갈 주제를 정하고 각자 의견과 근거를 준비하여 기사를 만들어 실시간으로 의견을 교환하고 수정한 후 교사가 간단히 재배열해도 학급신문을 완성할 수 있습니다.

초등학교 국어 실시간 화상 수업 사례

교과	국어		**대상**	4학년	**수업일시**	2020	**수업 플랫폼**	줌
단원	5. 의견이 드러나게 글을 써요				**소단원**	의견을 제시하는 글쓰기		
학습주제	의견을 제시하는 글쓰기 의견을 제시하는 글 평가하기				**차시**	7-8/8	**교과서**	179-183
학습목표	의견을 제시하는 글을 쓰고 친구들과 의견나누기				**수업유형 수업모형**	언어지도 지식탐구	**지도교사**	
중점활동	탐색 - 정리 - 발표				**수업특징**	학생 기기 확인 / 이메일 계정 준비		
교사준비	화상 수업 온라인 화이트보드 퀴즈 사전 설정				**학생준비**	줌 접속 기기 확인		
학습단계	**학습과정**		**교수 - 학습 활동**			**시간**	**수업도구 유의점**	
동기유발	준비		• 어린이 신문 읽어 본 후 관심있는 기사 발표하기 • 고용노동부 어린이신문 모음 (https://www.moel.go.kr/kids/etc/familysite/list2.do)			5	• 수업 시작 전 줌 접속 서로 인사 / 수업 접속 확인 • 발표자 선정 도구 (클래스룸 스크린)	
문제확인	학습목표		의견을 제시하는 글을 쓰고 친구들과 의견나누기			5	• 줌 + 파워포인트 • 화면 공유 • 콘텐츠 활용 전달 • 교사 안내 • 의견 제시 방법 안내 (패들렛, 잼보드, 비캔버스 선택)	
	학습방법		신문 만드는 계획 세우는 방법					
자료탐색	계획 세우기		• 학급신문 주제 정하기 • 주제 정하기 • 의견 뒷받침 자료로 기사 계획하기 • 학급신문 이름 생각하기			10	• 어린이 신문 참고 • 학급 주제 • 신문 제목 의견 제시 • 줌 + 패들렛 • 화면 공유 및 전체보기 • 기능 적절한 전환	

지식발표	계획실행	• 의견과 뒷받침 자료 제시하기 • 국어 181쪽 학급신문에 실을 자신의 의견 글로 쓰기	10	• 패들렛, 비캔버스, 잼보드 학생이 입력 내용 바로 확인 피드백
의견제시	교사학생 피드백	• 학급 신문 의견 제시 • 수정 의견 작성	5	• 선생님과 친구들 의견 반영하여 바로 수정하기 • 줌 실시간 화상 채팅 및 화면 공유 사용
사례발표	최종정리	최종 의견 재배열하여 학급신문 전시 발표하기	5	학급 SNS

평 가 계 획			
평가내용	의견을 제시하는 글을 쓰고 친구들과 의견을 나눌 수 있다		

평가관점	상	중	하
관찰 서술	의견을 제시하는 글을 주제에 알맞게 쓰고 친구들과 의견을 나눔	의견을 제시하는 글에 필요한 주제에 알맞게 씀	의견을 제시하는 글을 쓰는 데 어려움이 있음

수업 사전 준비와 수업 진행, 수업 후 정리해야 할 온라인 도구와 내용은 다음과 같습니다.

초등학교 국어 실시간 화상 수업 온라인 도구 활용

교과 단원	• 4학년 국어 5단원 • 의견이 드러나게 글쓰기		수업 특성	의견 제시, 수합, 학급신문 구성, 온라인 게시
온라인 도구	**수업 전 준비**	**수업 주의사항**	**수업 후 정리**	
실시간 화상 수업 (줌)	• 회의 비디오 오디오 세팅 • 온라인 도구 화면 공유 방법 숙지(듀얼 모니터 추천) • 접속 주소 학생 알림 • 실시간 수업 학생 에티켓 교육	• 모니터링용 스마트폰 준비 • 마이크는 1개 기기만 ON • 화면 주석 기능 활용 • 저장 채팅 출석 • 전체 학생 화면 및 화면 공유 적절한 전환 사용	• 수업 저장 자료 검토 • 출석 및 수업 태도 피드백	
발표 선정 도구 (클래스룸 스크린)	학생 구성 사전에 입력	발표자 선정 발표	수업 시 1회 이상 참여하도록 기회 분배	

프레젠테이션 도구 (잼보드)	수업 전달 내용 사전에 구성	• 화면 주석 필기 도구 활용 • 학생 의견을 포스트잇 형태로 게시하고 재배열해서 신문 만들기	• 수업 내용 확인할 수 있도록 학급관리 앱 SNS 공유
협업도구 (패들렛, 비캔버스, 잼보드)	• 학생 의견 제시하는 글 • 포스트잇 형태로 근거와 함께 독립적 제시	• 수업 시 발표 게시 • 교사 및 학생 실시간 의견 피드백	• 학생 의견 근거 • 학급신문 기사 재배열 • 학급신문 발표
학급관리 도구 (클래스123, 하이클래스, 클래스팅)	• 수업 준비물 개요 • 수업 관련 링크 안내	• 조사해서 정리한 내용 확인	• 학급신문 결과 게시 • 학급관리 앱 SNS 공유

📖 수업 각 단계별 사용되는 온라인 도구 선택 팁

학급 학생들의 의견을 모아 학급신문을 만드는 과정이 중요한 본 수업에서는 협업 도구 선택이 중요합니다. 실시간으로 각자의 게시물이 보이고 의견과 재배열이 가능한 협업도구는 패들렛, 비캔버스, 잼보드입니다. PC와 모바일 접속을 통한 1회성 수업을 구성할 때는 패들렛이 유용하고, 연속된 수업에서 협업한다면 비캔버스가 수월합니다. 수업 화면을 학생들과 협업으로 프레젠테이션하며 진행할 때는 잼보드가 편리합니다.

사용하기 간편한 협업 게시판, 패들렛

패들렛은 PC와 모바일 모두 웹브라우저로 사용이 가능하며 교사가 담벼락만 개설하면 학생은 회원가입 없이 간편한 사용이 가능합니다. 스마트폰을 가진 학생이 많을 경우 편리한 협업도구입니다. 단순한 포스트잇 기능으로 다양한 템플릿을 가지고 있어 협업 기능이 뛰어납니다. 사전 교육 없이 바로 사용할 수 있는 편리하지만 강력한 도구입니다.

Padlet 만들기

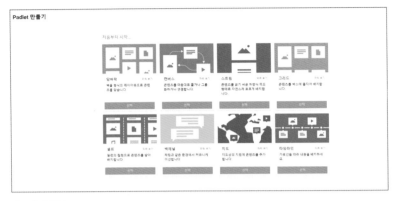

패들렛 템플릿

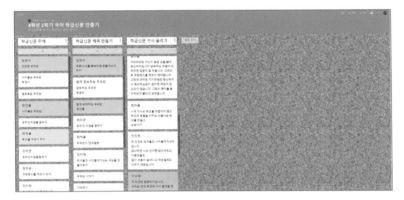

패들렛 학급신문(PC 브라우저 접속 화면)

패들렛 스마트폰(모바일) 접속 화면

복잡한 협업도 가능한 비캔버스

비캔버스는 프레젠테이션 슬라이드 같은 캔버스를 추가하고 연결할 수 있어 패들렛에 비해 좀 더 복잡한 수업에 적용하기 좋습니다. 계정 가입(구글 호환) 없이는 이용이 어렵고 스마트폰 브라우저에서 기능 사용이 힘들어 전용 앱을 사용해야 합니다. 계정만 가입되면 학생별로 피드백과 포트폴리오 구성이 가능하여 초등학교 고학년부터 중·고등학생까지 매우 유용합니다. 효과적인 학습을 위해 되도록 모바일보다 PC나 노트북을 권장하며 수업 전 사용법 사전 교육이 필요합니다.

비캔버스 학급신문 계획

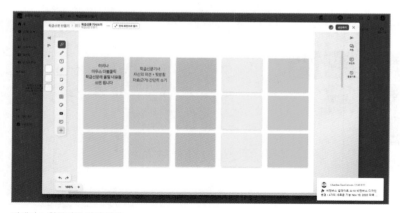

비캔버스 학급신문 의견 양식

비캔버스 학급신문 스마트폰(모바일) 접속 화면

발표자료를 만들기 편한 협업 프레젠테이션 잼보드

잼보드는 패들렛이나 비캔버스에 비해 프레젠테이션 기능이 강력합니다. 특히 글자와 포스트잇이 실시간으로 보기 좋게 크게 보여 온라인 화상 수업에서 화이트보드 수업도구로 사용하기 좋습니다. 학생 회원가입 없이 접속이 되지만 스마트폰(모바일)의 경우 앱으로 연결되면 한글이 지원되지 않고 글자가 깨져 보이므로 PC와 노트북 사용이 필수입니다.

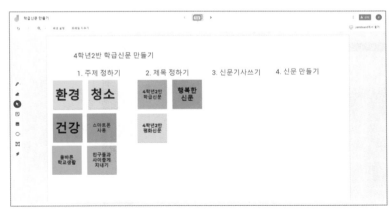

잼보드 학급신문 만들기 화이트보드

잼보드 학급신문 게시물

 Tip

스마트폰의 경우 브라우저의 공유 주소에서 마지막 / 뒤의 텍스트를 삭제하고 'viewer'를 입력해 viewer 권한을 설정해야 한글이 정상적으로 표시됩니다.

예시) jamboard.google.com/d/1gA-H7PKjFzb6ACR5rlpfwB8X8LaZqGshTt1bKdl6lo4/edit?usp=sharing
　　　jamboard.google.com/d/1gA-H7PKjFzb6ACR5rlpfwB8X8LaZqGshTt1bKdl6lo4/viewer

수학
온라인 수업 사례

초등학교 수학 온라인 수업은 교과서의 원리를 설명하고 이해시키는 실시간 화상 수업을 진행하고 스스로 수학익힘과 다양한 문제를 연습시키는 방법을 많이 사용합니다. 수학익힘과 학습지는 온라인 서비스를 이용하여 학습할 수 있습니다. 초등학교 저학년(1~3학년)은 교육부와 과학창의재단의 인공지능 수학학습 플랫폼 서비스인 똑똑수학탐험대를 사용할 수 있고, 고학년(4~6학년)은 국제적으로 인정받고 있는 칸아카데미 수학 서비스를 추천합니다.

수학 온라인 서비스의 특징은 인공지능이 교사의 학습 관리 및 학생 피드백을 도와주어 기존의 교실 수업보다 학생의 수학 이해나 학습과정의 부족한 점을 정확하게 보완하는 학습이력관리(LMS) 기능이 뛰어나다는 점입니다. 그래도 수학 학습의 첫 단추는 교사의 수업이 가장 큰 역할을 하기 때문에 교과서와 학습 자료를 활용하여 실시간 화상 수업을 위해서 수학 수업유형과 수업모형을 분석하여 다음과 같이 재구성할 수 있습니다.

초등 수학 수업은 귀납적 추론, 발문, 역할놀이, 조작적 탐구, 소집단 협동학습, 공학적 도구 활용, 안내된 재발명 방법 등을 주로 사용합니다. 교사의 활동 방식에 따라 설명식, 문답식, 토론식 방법이 가능하며, 학생 구성에 따라 전체, 소집단, 개별 지도를 합니다. 수학 내용에 따라 개념, 원리, 문제해결 지도를 합니다. 이런 초등 수학 수업을 온라인으로 구현하기 위해 재구성한 수업모형은 개념학습, 원리탐구, 귀납추론, 문제해결학습 모형 4가지입니다.

📖 초등 수학 수업유형별 온라인 수업 재구성

발문교수 및 설명 중심 온라인 수업

전체를 세부 요소나 과정으로 나누어 순서대로 익혀 목표에 도달하는 스키너 환원주의를 적용한 교사 중심 교수 모형을 사용합니다. 수학 수업의 교사 설명 중심 수업은 온라인 재구성에 개념 학습모형과 발문교수법을 재구성하여 문제파악을 콘텐츠로 충분히 전달하여 참여를 유도하고 교사의 다양한 질문을 통한 사고 확장과 토론 활동, 의사소통으로 학생의 개념 이해를 넘어 적용 발전할 수 있도록 수업을 진행합니다.

수업유형	발문교수법	수업 특징	교사의 수업 발문, 상호작용으로 학생 개념 정의 후 적용 발전 피드백	
수업모형 (개념학습)	문제파악	개념추구	개념화 일반화	적용 발전
학습방법	교사 설명 - 학생 분류	학생 설명	교사와 학생 상호작용	학생 중심 학습
온라인 수업 과정 (직접교수모형 재구성)	설명 - 분류	학생 설명	문답 - 정리	스스로 학습
온라인 학습방법	실시간 화상 콘텐츠 활용 전달 동기유발 학습이해	과제 작성 온라인 발표	실시간 화상 (온라인 피드백 도구) 상호작용	결과 응용 피드백
온라인 수업도구	줌 + e학습터 / EBS 온라인 클래스	구글 문서 도구 / 원노트	줌 + 멘티미터 / 슬라이도	구글 문서 도구 원노트

탐구 학습 온라인 수업

수학 탐구학습모델 적용 온라인 수업은 원리탐구학습 5단계(새로운 문제상황 제시 – 수학적 원리의 필요성 인식 – 수학적 원리가 내재된 조작활동 – 수학적 원리의 형식화 – 수학적 원리 익히기 및 적용하기)와 문제상황을 실생활의 구체물을 통해 활동할 수 있도록 안내하고 그것을 발표하는 조작적 탐구방법을 재구성하여 진행합니다.

수업유형	조작적 탐구	수업 특징	수학적 문제 상황을 실생활 구체물 사례를 통해 직접 조작해서 원리를 익히고 적용	
수업모형 (원리탐구)	문제파악문제상황 제시 수학적 원리 필요성	수학적 원리 내재 조작 활동	수학적 원리 내재 조작 활동	수학적 원리 익히기 및 적용하기
학습방법	동기유발 학습문제 학습의 필요성 확인	실생활 사례 탐구	수학 원리 정리	수학 원리 적용 일반화 사례 발표
온라인 수업 과정 (지식탐구모형 재구성)	문제확인	자료 탐색	스스로 학습	사례발표
온라인 학습방법	실시간 화상 콘텐츠 활용 전달 동기유발 학습이해	자료 탐색 스크랩 저장 자료 및 의견 나누기	실시간 화상 (과제 수행 피드백) 교사 피드백	학생 최종 결과 정리 다양한 방법으로 표현
온라인 수업도구	줌 + 구글 프레젠테이션 / 파워포인트	패들렛 / 비캔버스	줌 + 멘티미터 / 슬라이도	패들렛 / 비캔버스

사례 중심 온라인 수업

수학의 사례 중심 온라인 수업은 귀납추론 학습모형 4단계(사례 수집 및 관찰·실험 → 추측하기 → 추측의 검증 → 일반화 및 정당화)와 다양한 사례를 콘텐츠 자료로 수집하고 일반화할 수 있도록 도와주는 귀납적 추론 방법을 재구성하여 진행합니다.

수업유형	관찰 실험	수업 특징	자세한 관찰과 의견 교환 수용으로 많은 정보 학습 처리	
수업모형 (귀납추론)	사례수집 관찰	추측하기	추측 검증	일반화
학습방법	문제 조건 사례 수집 관찰 실험 조작	공통 규칙과 성질 발견 수학 용어 식 만들기	공통 규칙과 성질 발견 수학 용어 식 만들기	수학적 성질이나 공식 만들기
온라인 수업 과정 (가치탐구모형 재구성)	콘텐츠 활용 관찰 실험	규칙 찾아 수학적 표현	수학 성질 공식	사례 적용
온라인 학습방법	실시간 화상 (콘텐츠 활용)	자료조사 과제 수행	온라인 발표(게시) 실시간 소모임 활동	과제 수행 보완 결과 정리 다양한 방법으로 표현
온라인 수업도구	줌 + 구글 프레젠테이션 / 파워포인트	패들렛 / 비캔버스	줌 + 잼보드	패들렛 / 비캔버스 + 구글 프레젠테이션 / 파워포인트

소집단 활동 온라인 수업

수학시간 소집단 활동을 통한 수업은 문제해결 학습모형(문제의 이해-해결 계획의 수립-해결 계획의 실행-반성)과 이질집단 구성을 통해 힘을 합쳐 만들거나 서로 다른 과제 작업을 하나로 합치는 소집단 협동학습을 재구성하여 진행합니다.

수업유형	소집단 활동	수업 특징	소집단 활동을 통해 다양한 방법을 모아 문제해결	
수업모형 (문제해결학습)	문제 이해	해결 계획 수립	해결 실행	반성
학습방법	문제 상황 조건 이해	문제해결 전략	문제해결 방법 실행	문제해결과정 정리
온라인 수업 과정 (반응중심모형 재구성)	준비 - 조건 이해	해결전략 토의·토론	문제해결 방법 제시	결과 정리
온라인 학습방법	실시간 화상 (콘텐츠 활용)	실시간 화상 (소모임 피드백 - 전체 발표) 협업도구 정리	과제수행 프레젠테이션 (온라인 게시)	실시간 화상 (협업도구 발표적용)

온라인 수업도구	줌 + 구글 프레젠테이션 / 파워포인트	줌 + 잼보드	줌 + 잼보드	패들렛 / 비캔버스 + 구글 프레젠테이션 / 파워포인트

📖 〈소수의 덧셈과 뺄셈〉 수업 사례

초등학교 4학년 2학기 3단원 〈소수의 덧셈과 뺄셈, 소수 한자리 수 덧셈〉 수업 사례입니다. 교사의 설명(적절한 발문)을 통해 수학 연산의 원리를 이해하고 온라인 웹사이트 스스로 연습을 통해 형성평가(학습지), 자동 채점 피드백을 받아 수업을 평가받는 학생 중심의 온라인 수학 수업입니다.

초등학교 수학 실시간 화상 수업 사례

교과	수학	대상	4학년	수업일시	2020	수업 플랫폼	줌
단원	3. 소수의 덧셈과 뺄셈			소단원	받아올림이 없는 소수 한자리 수의 덧셈		
학습주제	소수 한자리 수 덧셈			차시	6/12	교과서	40-41쪽
학습목표	소수 한 자리수 덧셈의 계산 원리를 알고 해결하기			수업유형 수업모형	발문교수 개념학습	지도교사	
중점활동	문제파악- 개념추구-적용			수업특징	교사 설명-학생 이해-문제풀이		
교사준비	화상 수업 온라인 학습지			학생준비	줌 접속 기기 확인		
학습단계	학습과정	교수 - 학습 활동			시간	수업도구 유의점	
도입	준비 동기유발	자료 영상 보고 도영이와 슬기가 옮긴 물의 양 알아보기			5	• 수업 시작 전 줌 접속 서로 인사 / 수업 접속 확인 • 발표자 선정 도구 (클래스룸 스크린)	
문제파악	학습목표	소수 한자리 수의 덧셈하기			5	• 줌 + 파워포인트 • 화이트보드 제시	
	학습방법	덧셈 방법 알기 - 계산 연습					
개념추구	개념정의 조작관찰	• 두 친구가 옮긴 물의 양 그림으로 나타내기 • 지혜와 수일이 옮긴 물의 양 그리기			5	• 줌 + 온라인학습 • 콘텐츠 공유 제시	

개념화 일반화	공통 성질 추상화	• 0.9 + 1.4 모눈종이 나타내기 • 세로 계산하기(같은 자리 수끼리 더하고 소수점 맞추기)	10	칸아카데미에서 학생이 입력 후 자동 채점 피드백
적용	새로운 상황 적용	• 소수 한자리수 덧셈 계산하기 • 수학익힘 40-41쪽	10	줌에서 결과 확인
발전	결과 확인	형성평가 학습지 해결	5	라이브워크시트 / 티처 메이드 / 북위젯 이용해 온라인 학습지 자동 채점 후 결과 바로 확인

평 가 계 획

평가내용	소수 한자리 수 덧셈 계산하기

평가관점	상	중	하
소수의 덧셈	소수 그림과 수직선 나타내기 세로 계산, 자리 수, 소수점 맞추기 잘함	소수 덧셈 계산할 수 있음	소수의 덧셈 이해 필요

수업 사전 준비와 수업 진행, 수업 후 정리해야 할 온라인 도구와 내용은 다음과
같습니다.

초등학교 수학 실시간 화상 수업 온라인 도구 활용

교과 단원	4학년 수학 3. 소수의 덧셈과 뺄셈		수업 특성	사례 이해, 개념 정의 후 적용 문제 풀이 (온라인 학습지)
온라인 도구	**수업 전 준비**		**수업 주의사항**	**수업 후 정리**
실시간 화상 수업 (줌)	• 회의 비디오 · 오디오 세팅 • 온라인 도구 화면 공유 방법 숙지(듀얼 모니터 추천) • 접속 주소 학생 알림 • 실시간 수업 학생 에티켓 • 수학익힘책 또는 PPT 사용에 따라 웹캠 실물 화상기 및 펜 태블릿 추가		• 모니터링 스마트폰 준비 • 마이크는 1개 기기만 ON • 화면 주석 기능 활용 • 저장 채팅 출석 • 수학익힘책 해결 • PPT 위에 공식 필기 펜 태블릿 사용	• 학습지 웹사이트 피드백 • 출석 및 수업 태도 피드백

수학 콘텐츠 (수학익힘 PPT / 아이스크림 티셀파 수학 콘텐츠)	• 수학 교과서 USB PPT 자료 • 아이스크림 또는 티셀파 • 수학 교과서 콘텐츠 활용 준비	• PPT나 교과서 자료 설명 • 펜 태블릿 또는 마우스 활용	콘텐츠 활용 가능하도록 업로드 가능(구글 드라이브 또는 원드라이브)
학생 수학 원리 이해 (칸아카데미)	• 칸아카데미 교사 가입 • 클래스 구성(교사 이메일 또는 클래스코드)	• 칸아카데미 이메일 가입 • 개인 사용 가능 • 교사 코드 입력 후 학 급 가입	• 칸아카데미 학생 결과 • 확인 피드백
온라인 학습지 (라이브워크시트 / 티처메이드 / 북위젯)	• 온라인 학습지 웹사이트 • 교사 가입 후 학습지 • 구성 (유료 가입시 학생 피드백 가능)	• 3가지 온라인 학습지 • 특징 이해 선택 사용	학생 계정별 결과 피드백

수업 각 단계별 사용되는 온라인 도구 선택 팁

수학 소수의 덧셈과 뺄셈 수업은 개념과 원리 이해가 중요하고 단순한 계산 연습이 많이 필요합니다. 교과서와 수학익힘만으로 이해와 연습이 안 된다면 수학 이해와 연습을 스스로 할 수 있는 칸아카데미 수학을 추천합니다. 구글 계정으로 사용이 가능하며 교사의 간단한 수업 구성으로 학생들의 학습 관리 및 분석을 할 수 있어 학생 지도에 도움이 되고 학생도 흥미를 느껴 단순 연습도 반복적으로 잘 진행합니다.

한편 온라인 학습에서 사용할 수 있는 학습지, 단원 평가지 등을 자동 채점하고 통계까지 실시되도록 도와주는 온라인 수학 학습지 서비스는 라이브워크시트, 티처메이드, 북위젯이 있습니다. 3개 온라인 학습지 서비스 모두 구글 클래스룸, 마이크로소프트 팀즈, 애플 아이북스 등으로 구현이 가능하며 웹브라우저로 PC와 노트북, 모바일 스마트폰, 태블릿 모두 사용이 가능합니다.

칸아카데미

칸아카데미KhanAcademy는 초·중·고등학교 수준의 수학, 화학, 물리학, 컴퓨터공학, 금융, 역사, 예술교육까지 4,000여 개 강의를 제공하는 비영리 교육 서비스입니다. 한글은 초·중·고 수학 과목 서비스가 가장 활발하여 학년별 단원별 수학 온라인 학습이 가능합니다. 교사가 코스 구성을 하고 학생이 이메일(구글)로 가입한 후 교사 코드를 입력하면 학생으로 등록되어 코스 안내, 학습과정 및 결과 관리가 가능합니다. PC와 모바일 모두 웹브라우저 기반의 동일한 플랫폼으로 스마트폰으로도 쉽게 접속해 사용할 수 있는 장점이 있습니다. 물론 PC와 노트북으로 학습하는 것이 효과가 좋습니다.

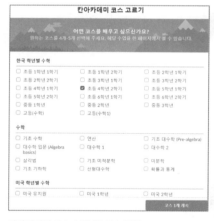

칸아카데미 코스 선택 및 코스 등록

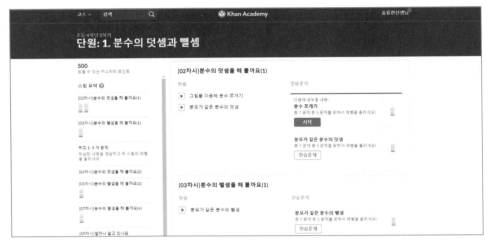

칸아카데미 코스 선택

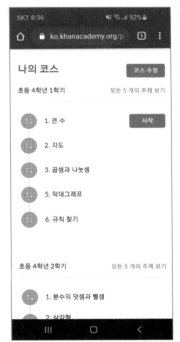

칸아카데미 모바일 스마트폰 접속 화면

라이브워크시트

라이브워크시트는 기존 학습지를 PDF나 JPG로 업로드해서 학생들이 온라인으로 해결하고 자동 채점 후 결과를 통계자료로 바로 교사에게 피드백하는 아주 유용한 온라인 학습지 출제 도구입니다. HWP나 PDF, 종이로 가지고 있는 학습지를 온라인 학습지로 옮겨 보겠습니다.

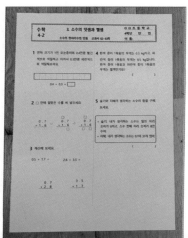 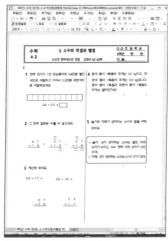

<소수의 덧셈과 뺄셈, 소수의 한자리수의 덧셈> 학습지

라이브워크시트 학습지 출제 화면 　　　라이브워크시트 자동 채점 화면

티처메이드

티처메이드를 이용하면 학습지를 PDF나 JPG로 업로드하여 온라인 학습지를 제작하고 교사 계정으로 채점 및 테스트 결과를 받을 수 있습니다. 티처메이드는 라이브워크시트의 명령어보다 단순한 메뉴 입력으로 학습지 제작이 가능합니다.

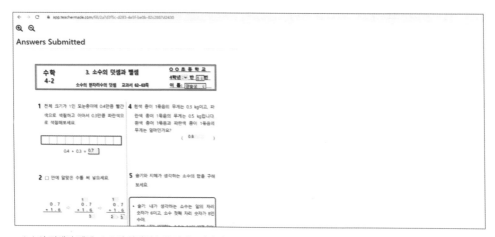

<소수의 덧셈과 뺄셈, 소수의 한자리수의 덧셈> 티처메이드 학습지 출제 화면

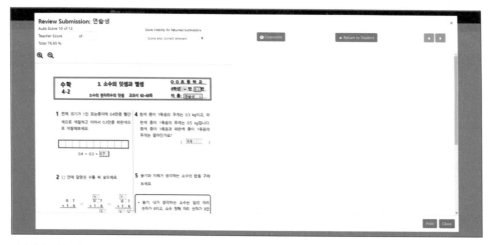

티처메이드 학습지 결과 화면

북위젯

북위젯은 온라인으로 진행하는 테스트에 피드백 기능이 있는 대화형 온라인 문제를 출제하여 수업에 활용할 수 있게 한 플랫폼입니다. 40가지가 넘는 대화형 연습 문제 샘플을 가지고 있어 대부분의 학습지를 직접 온라인에서 구현할 수 있습니다. 학습지를 연동해 수업으로 만들고 학생들이 실시간 학습하는 현황을 모니터링이 가능합니다. 교사 이용은 무료이지만 학생에게 배포하고 학습 자료 수집 관리를 위해서는 유료 결제가 필요합니다.

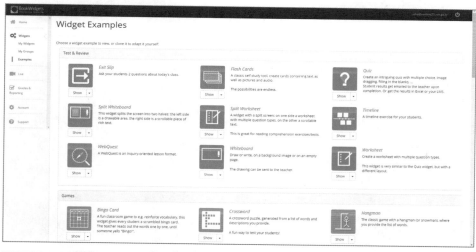

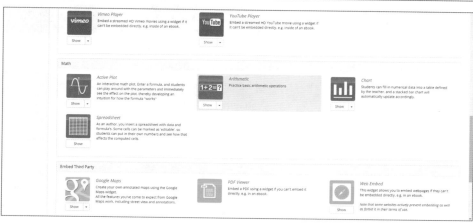

북위젯 학습지 출제 유형 샘플

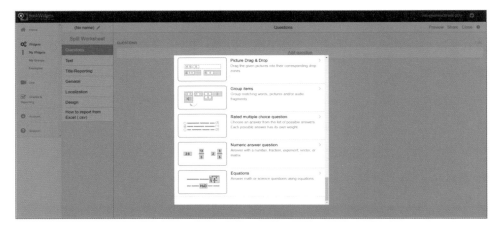

북위젯 학습지 출제 화면

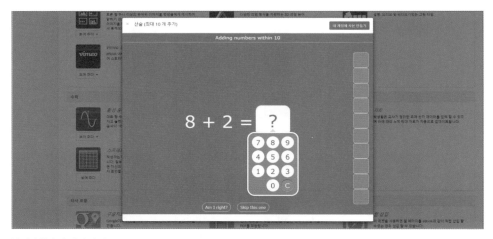

북위젯 학습지 해결 화면

사회
온라인 수업 사례

초등학교 사회 수업은 지식을 이해하고 기억하는 것도 중요하지만, 수업을 통해 각 지역과 생활 속의 내용을 체험하고 발전하는 과정도 중요합니다. 따라서 콘텐츠 활용 수업에서 각 지역 특성에 맞는 내용을 구축해야 하는데 관련 콘텐츠가 부족하다면 지역화 교과서를 가지고 교사가 실시간 화상수업을 진행하는 것이 최선입니다. 특히 3학년과 4학년은 전반적으로 우리 고장과 마을부터 시작하는 내용이 많아 수업내용과 방법을 각 지역별 학교별로 다르게 진행합니다.

다음은 초등학교 사회 수업을 위해서 수업모형과 수업방법에 따라 재구성해 보고 온라인 수업도구를 연결한 온라인 수업 재구성 모형입니다. 초등학교 사회 수업방법에 따라 온라인 수업에 적용할 수 있는 수업유형을 탐구학습/개념분석, 조사학습, 협동학습/의사결정, 문제해결/프로젝트 등 4가지로 정리했습니다.

초등 사회 수업유형별 온라인 수업 재구성

(1) 탐구학습/개념분석 모형 + 강의법

사회에서 탐구학습은 개념 원리 습득을 위해 학생들이 지식을 생성하고 도출하는 과정을 경험하는 수업입니다. 사회과학 탐구능력 기르기에 많이 활용되는 수업모형으로 탐구학습 모형(탐구문제 파악 → 가설 설정 → 탐색 → 정보수집 및 처리 → 결론 및 일반화) 4단계로 구성됩니다. 교사의 교재연구와 적절한 콘텐츠 제공으로 학생 고차원적 사고를 이루는 개념분석 모형과 강의법을 재구성하여 온라인 탐구개념강의(수업)으로 진행합니다.

수업유형	탐구 개념 강의	수업 특징	교사 설명 후 학생 중심 발표 정리활동	
수업모형 **(탐구학습)**	문제 파악	가설 설정 → 탐색	입증	일반화
학습방법	교사 설명	교사와 학생 상호작용	학생 상호작용	학생 중심 학습
온라인 수업 과정 (직접교수 모형 재구성)	**설명**	**문제해결 과정**	**사례 적용**	**근거 정리**
온라인 학습방법	실시간 화상 콘텐츠 활용 전달 동기유발 학습이해	실시간 화상 (온라인 피드백 도구) 교사-학생 상호작용	실시간 화상 (협업 프레젠테이션) 모둠별 협업 발표 결과 응용 피드백	개인별 포트폴리오 발표
온라인 수업도구	줌 + e학습터 / EBS 온라인 클래스	줌 + 잼보드	줌 + 멘티미터 / 슬라이도	패들렛

(2) 조사학습 모형

학습과제 해결을 위해 여러 가지 다양한 관련 자료를 통해 필요한 정보를 찾고 이를 종합하여 보고하는 학습입니다. 조사는 문헌조사나 현장조사로 나뉩니다. 백과사전, 전문서적, 신문, 잡지, 광고문, 일기, 편지 등을 참고하여 수업에 적용합니다. 전통적인 조사학습은 다음의 4단계(학습계획/조사활동 → 보고서작성 → 보고/평가 → 일반화 정리)로 구성되지만 온라인 발표를 위해 재구성하여 온라인 조사 발표 수업을 진행합니다.

수업유형	조사 발표	수업 특징	학생 중심의 문제 인식, 자료조사, 발표 평가	
수업모형 (조사학습)	문제 파악	문제 탐색	문제해결	정리 평가
학습방법	동기유발 학습문제 확인	사례 조사 문제 상황 대안 찾기	자료분석 토의 모둠별 보고 사례 적용	조사한 사례 내용 평가
온라인 수업 과정 (지식탐구 모형 재구성)	문제 확인	자료 탐색 정리	지식 발표	사례 발표
온라인 학습방법	실시간 화상 콘텐츠 활용 전달 동기유발 학습이해	자료 탐색 스크랩 저장 자료 및 의견 나누기	실시간 화상 (과제 수행 피드백) 교사 피드백	학생 최종 결과 정리 다양한 방법으로 표현
온라인 수업도구	줌 + 구글 프레젠테이션 / 파워포인트	패들렛 / 캔버스	줌 + 멘티미터 / 슬라이도	패들렛 / 캔버스

(3) 협동학습/의사결정 모형 + 토의학습

협동학습은 문제해결을 위해 모둠원들이 협동해서 목표 달성 시 집단적 보상을 주는 학습 형태입니다. 학생의 개인차를 고려하지 않은 일제 수업과 모둠 활동에서 일어나는 학습 부재 상황을 예방하고 학생들이 골고루 학습에 참여할 수 있도록 유도합니다.

온라인 토의 협동학습은 협동학습 모형의 5단계(문제 파악 → 문제 탐색 → 문제해결 → 적용 발전 → 정리 평가)와 다양한 문제 상황에서 합리적인 선택을 하는 의사결정 모형, 토의학습 방법을 재구성하여 수업을 진행합니다.

수업유형	토의 협동학습	수업 특징	토의를 위한 모둠 구성 및 의사결정 활동	
수업모형 (의사결정)	문제 인식	문제 정의	대안 개발	대안 평가 선택
학습방법	학습 동기유발 관련된 생활 경험	교사 배경 설명 학습 설명	의사결정지 배포 집단 / 모둠 토론	모둠 발표 / 전체 보고 의견 수합 정리 보고
온라인 수업 과정 (가치탐구 모형 재구성)	주제 선택	자료조사	토의 발표	의견 정리
온라인 학습방법	실시간 화상 (콘텐츠 활용)	자료조사 과제 수행	온라인 발표(게시) 실시간 소모임 활동	결과 정리 다양한 방법으로 표현
온라인 수업도구	줌 + 구글 프레젠테이션 / 파워포인트	패들렛 / 비캔버스	줌 + 멘티미터 / 슬라이도	패들렛 / 비캔버스

(4) 문제해결/프로젝트 학습모형

문제해결은 사회 교과에서 일상생활의 문제를 다루는 데 효과적인 수업 구성입니다. 사회 교과에서 환경오염, 직업, 교통수단, 우주, 역사, 날씨, 동물, 식물, 예술, 시사 분야에서 너무 광범위하지 않은 소주제를 선택해서 진행할 수 있습니다. 학생의 실생활과 직접 관련된 문제해결 과정에 따라 학생의 사고를 촉진하고, 사회인식 능력을 향상시키기 위해 온라인 도구를 사용합니다.

전통적인 프로젝트 수업 모형에서 발전하여 온라인 도구를 통해 학생들이 연구주제를 해결하기 위해 학습하고 교사가 조언하여 학습보고서를 완성하고 제출할 수 있도록 재구성합니다. 학습활동을 온라인을 통해 진행할 수 있게끔 각 단계에서 적합한 서비스(소모임 소그룹 화상회의 및 협업 정리 도구)를 교사가 추천해야 합니다.

수업유형	문제해결	수업 특징	몇 차시에 걸친 장기 연구주제 해결 활동	
수업모형 (프로젝트)	상황접근 토의주제 선정	주제 해결 계획	모둠별 소주제 해결	모둠별 내용발표 종합토의 정리
학습방법	학습자료 문제 인식 토의주제 선정 협의	소주제 선정 분담 모둠별 조사방법 협의	모둠별 자료수집 발표자료 준비	모둠별 학습토의 발표 결과 준수 활용 방안
온라인 수업 과정 (반응중심 모형 재구성)	주제 선택	계획 수립	문제해결	의견 결정
온라인 학습방법	실시간 화상 (콘텐츠 활용)	실시간 화상 모둠별 정리 피드백	실시간 화상 (소모임 피드백 - 전체 발표) 협업도구 정리	실시간 화상 (협업도구 발표)
온라인 수업도구	줌 + 구글 프레젠테이션 / 파워포인트	줌 + 잼보드	줌 + 멘티미터 / 슬라이도	줌 + 잼보드

📖 〈필요한 것의 생산과 교환〉 수업 사례

초등학교 4학년 2학기 2단원 〈필요한 것의 생산과 교환, 다양한 지역의 대표 상품 알아보기〉 실시간 화상 수업 사례입니다. 사회 경제 단원으로 각 지역의 필요한 물건을 생산하고 소비하는 경제적 활동을 알아 보고 지역의 자연환경과 인문환경을 학생이 스스로 조사하고 발표하면서 산업과 상품 관련성을 깨닫고 특징을 알리는 활동을 실시간 쌍방향 수업으로 진행합니다.

초등학교 사회 실시간 화상 수업 사례

교과	사회	대상	4학년	수업일시	2020	수업 플랫폼	줌
단원	2.필요한 것의 생산과 교환			소단원	다양한 지역의 대표 상품		
학습주제	다양한 지역의 대표 상품 알아보기			차시	13/15	교과서	87-89쪽
학습목표	다양한 지역의 대표 상품 설명하기			수업유형 수업모형	조사발표	지도교사	
중점활동	문제확인 - 자료탐색 - 발표토의			수업특징	학생참여 조사 발표 / 온라인 퀴즈 확인		
교사준비	화상 수업 온라인 화이트보드 퀴즈 사전 설정			학생준비	줌 접속 기기 확인		

학습단계	학습과정	교수 - 학습 활동	시간	수업도구 유의점
동기유발	준비 동기유발	•지역특산품 박람회 소식 •이천 특산품 반도체 이야기 (youtu.be/2cm9cYGtLA8)	5	•수업 시작 전 줌에 접속해 서로 인사하고 이상 유무 확인 •사전 콘텐츠 제공 (클래스123 / 하이클래스 / 클래스팅)
문제파악	학습목표	다양한 지역의 대표 상품 살펴보기	5	•줌 + 파워포인트 •화이트보드 •수업방법 제시
	학습방법	조사한 내용 발표 소개하기		
문제 탐색정리	자료제시 관찰탐색	•각 지역의 대표 상품 조사 •교과서 88쪽 지도별 지역 대표 상품 알아보기(지역의 대표 상품과 자연환경, 인문환경 관계 파악)	10	•네이버 / 유튜브 검색 •지역특산 박람회에서 각 지역 대표상품 소개 관찰
문제해결 분석토의	자료 탐색정리	•각 지역 대표 상품 소개 방법 생각하기 •지역 대표 상품 소개 광고지 •누리집 상표 그리기 등	10	•패들렛 비캔버스 •개인 자료 모둠으로 모아 협업하기 •줌 소회의실 기능
조사 사례발표	사례발표	•지역대표 상품 온라인 박람회 •온라인 발표 도구 활용	5	•구글 프레젠테이션 / 스웨이 •모둠별 자료 모아 공동 발표
정리평가 피드백	확인	각 지역의 대표 상품 퀴즈 풀고 결과 확인하기	5	•카훗 / 퀴즐렛 / 띵커벨 / 클래스카드 / 퀴즈앤 학생결과 바로 확인(순위 포함 평가결과)

평 가 계 획			
평가내용	지역을 대표하는 상품 알아보기		
평가관점	상	중	하
지역을 대표하는 상품 퀴즈	상품 5개 이상 구분	상품 3개 이상 구분	상품 2개 이상 구분

수업 사전 준비와 수업 진행, 수업 후 정리해야 할 온라인 도구와 내용은 다음과 같습니다.

초등학교 사회 실시간 화상 수업 온라인 도구 활용

교과 단원	사회 4학년 2학기 2. 필요한 것의 생산과 교환	수업 특성	지역을 대표하는 상품 설명하고 소개하기
온라인 도구	수업 전 준비	수업 주의사항	수업 후 정리
줌	• 회의 비디오 · 오디오 세팅 • 온라인 도구 화면 공유 방법 숙지(듀얼 모니터 추천) • 접속 주소 학생 알림 • 실시간 수업 학생 에티켓 교육 • 소회의실 모둠 구성 (수준별 이질 집단 4명: 진행, 정리, 발표, 기록 등 역할 부여)	• 모니터링 스마트폰 준비 • 마이크는 1개 기기만 ON • 화면 주석 기능 활용 • 저장 채팅 출석	• 수업 저장 자료 검토 • 출석 및 수업 태도 피드백
콘텐츠 제공 도구 (클래스123 / 하이클래스 / 클래스팅)	• 수업 안내 • 사전 콘텐츠 제공 • 수업 전 미리 학습(플립 러닝)	• 발표 토론 진행 상황 • 메모 기록 제공 가능	• 수업 관련 콘텐츠 및 • 온라인 수업도구 주소 • 정리 제공
프레젠테이션 도구 (구글 프레젠테이션 / 스웨이)	• 수업 전달 내용 사전 구성	• 화면 주석 필기 도구 활용	• 수업 내용 확인할 수 있도록 학급관리 앱 SNS 공유
협업도구 (패들렛 / 비캔버스)	• 학생 분류 목록 사전 예상	• 수업 시 발표 목록 추가 • 실시간 결과 반영	• 결과 정리 • 학급관리 앱 SNS 공유
퀴즈 도구 (카훗 / 퀴즐렛 / 띵커벨 / 클래스카드 / 퀴즈앤)	• 수업 내용 정리 퀴즈 제작	• 조사해서 정리한 내용 확인 • 실시간 피드백	• 학생 보충 심화 유도

📖 수업 각 활동별 사용되는 온라인 도구 선택 팁

사회 경제 단원 〈필요한 것의 생산과 교환〉에서 각 지역별 자연환경과 인문환경에 따른 산업과 대표 상품을 관련성을 조사하고 발표하는 과정에 알게 된 지식을 정리·평가하기 위해 퀴즈를 이용하여 수업을 보충하거나 심화할 수 있습니다.

지역특산품을 소개하는 영상을 통해 다양한 지역 삼품을 소개하는 동기유발과 문제 이해를 위해 학급관리 앱을 통해 사전 수업 콘텐츠를 전달합니다. 초등학교에서는 구글 클래스룸이나 마이크로소프트 팀즈는 학교 차원의 지원이 필요하여 많이 사용하지 않은 실정입니다. 따라서 교사가 등록하고 학부모 동의를 통해 이용할 수 있는 클래스123, 하이클래스, 클래스팅 등 학급관리 앱이나 SNS를 사용합니다.

클래스123

클래스123은 온라인 수업 동영상이나 과제 게시판으로 학생들의 과제 제출, 출석 현황을 파악하기 쉽습니다. 특히 네이버 서버를 이용해 안정적으로 운영되어 오류

클래스123 온라인 수업 과제 사진

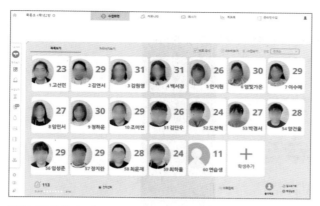

클래스123 칭찬 시스템

가 적다는 장점이 있습니다. 가장 큰 장점은 온라인으로 줄 수 있는 칭찬 시스템 (으쓱카드)입니다. 칭찬카드를 만들어 학생들의 과제나 학급 행동에 온라인으로 칭찬을 주면 학부모 공유도 이루어져 긍정적인 효과가 있습니다.

하이클래스

하이클래스도 과제 게시판을 갖추어 학생들에게 과제 안내와 제출, 출석 현황을

하이클래스 과제 게시판

하이클래스 하이톡

한눈에 알아볼 수 있습니다. 하이클래스의 가장 큰 장점인 하이톡으로 앱을 통해 학부모와 채팅이나 음성통화를 할 수 있어 전화번호 없이도 학급운영이 원활하게 이루어질 수 있습니다.

클래스팅

클래스팅도 과제 게시판으로 출석과 과제 제출 현황을 한눈에 볼 수 있습니다. 클

클래스팅 과제 게시판

클래스팅 학습 자료실(러닝) 이용 화면

래스팅의 가장 큰 장점은 학습 자료실(러닝)에서 과제 게시판으로 출판사나 다른 선생님들이 공유한 자료들을 사용할 수 있다는 점입니다. SNS적 특성이 강해 즉시 피드백이 가능하여 적극적인 학급운영을 할 수 있습니다.

구글 프레젠테이션

온라인 발표도구로 유용한 구글 프레젠테이션은 프로그램 설치 없이 브라우저로

구글 프레젠테이션

실행되며 프레젠테이션 기능을 온라인으로 공유하여 여러 명이 슬라이드를 동시에 편집할 수 있어 많이 사용합니다. 구글 스프레드시트나 크롬 확장 앱을 통해 부족한 기능을 추가할 수 있습니다.

스웨이

스웨이는 웹 기반 프레젠테이션 소프트웨어로 가장 간단하게 화려한 발표 자료를 작성할 수 있습니다. 마이크로소프트 폼즈와 연동하여 다양한 기능을 활용할 수 있습니다.

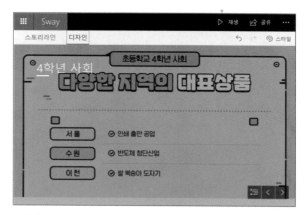

스웨이

교사가 진행하고 끝내는 기존의 퀴즈 프레젠테이션 아이스크림

카훗

대부분의 퀴즈 피드백이 가능한 온라인 수업도구 중 카훗이 가장 먼저 시작되었으며, 영어 단어 암기, 퀴즈 등 다양한 사용이 가능합니다. 무료로도 수업 진행이 가능하지만, 유료로 가입하면 교사가 그룹을 구성해 수업계획, 평가, 공유 등을 지원해 학교에서 협업하고 피드백하기 편리합니다. 해외 서비스로서 메뉴 구성이 영어로 되어 있어 사용에 약간 불편함은 있습니다. 다만 사용자가 많아서 한국어 자료도 많아 바로 가져와 사용할 수 있습니다.

카훗 문제 출제 화면

카훗 문제은행 자료

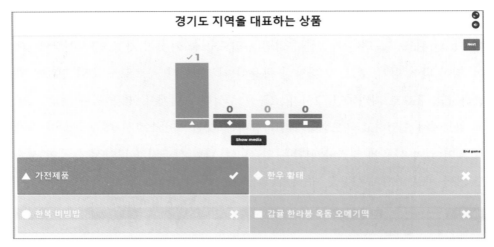

카훗 문제 풀이 결과(점수 및 순위)

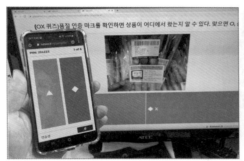

카훗 문제풀이 통계 피드백

카훗 문제 풀이 결과(점수 및 순위)

퀴즈렛

무료로 사용할 시 가입과 학급 구성과 단어 암기 학습만 가능하며 유료 등록이
필요합니다.

퀴즐렛 교사용 유료 등록 화면

띵커벨

초등 교육 콘텐츠 아이스크림미디어에서 무료로 서비스하기 때문에 사용자가 가장 많고 대부분의 학습퀴즈나 단원정리 내용이 들어 있어 편리합니다. 교사 회원 가입 후 학생들은 가입코드만으로 접속하고 문제를 푼 다음 결과를 볼 수 있습니다. 카훗이나 퀴즐렛처럼 학생 등록 후 통계 피드백까지 하는 기능은 없지만 가장 간편하게 사용할 수 있는 장점이 있습니다. 영어에 특화되어 있는 다른 퀴즈 서비스와 달리 국어, 수학, 사회, 과학 등 다양한 과목 퀴즈에 활용되고 있습니다.

띵커벨 사회 퀴즈 검색 결과

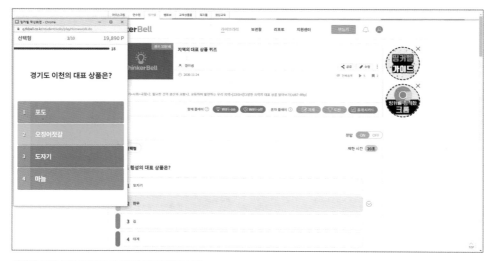

띵커벨 문제 풀이 화면(교사-학생) 한번에 PC 보기

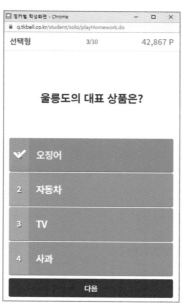

띵커벨 학생 접속 화면

과학
온라인 수업 사례

초등학교 과학 과목은 자연을 과학적으로 탐구하는 초보적인 능력과 기본적 과학 개념을 습득하고 올바른 과학적 태도를 기르는 데 목적이 있습니다. 온라인 수업에서는 수업 준비물과 실험을 가정에서 할 수 없는 경우가 많아 교실(과학실) 수업과 온라인 수업을 적절하게 조합하는 블렌디드 수업이 꼭 필요합니다. 학교에서는 과학 준비물도 가정에서 활용할 수 있는 키트 개념으로 많이 준비하기도 하며 온라인 수업활동에서는 영상을 통한 대표 실험이나 관찰탐구가 많이 이루어집니다.

온라인 수업에서 과학 교과를 효과적으로 진행하기 위한 수업모형과 수업방법을 재구성하면 다음과 같습니다. 초등 과학 수업 방법에 따라 온라인 수업에 적용할 수 있는 수업유형으로 실험 수업 + POE(예상-관찰-설명), 조사학습, 협동학습, 문제중심학습, 문제중심학습, 창의성 학습 등 6가지입니다.

초등 과학 수업유형별 온라인 수업 재구성

(1) 실험 수업 + POE(예상-관찰-설명)

과학에서 온라인 수업은 실험 콘텐츠를 제공하여 영상을 통해 실험에 참여하고 관찰합니다. 발견학습 수업모형과 POE(Prediction, Observation, Explanation) 활동으로 재구성하여 온라인 수업은 다음 과정으로 수업을 진행합니다.

수업유형	실험 수업 + POE (예상-관찰-설명)	수업 특징	가정에서 시범 영상 보고 실험 참여	
수업모형 (발견학습)	탐색 및 문제 파악	자료 제시 및 관찰 탐색	규칙성 발견 및 개념 정리	적용 및 응용
학습방법	자료 관찰 문제 파악	준비한 자료 실험 관찰/분류/측정	관찰을 기록하고 개념을 추리한 후 질문 및 토의 거쳐 정리	발견한 규칙성 개념 확장 응용 정착 유도
온라인 수업 과정 (발견 학습모형 재구성)	문제 파악	실험 영상 시청	규칙성 발견 및 개념 정리 발표	적용 및 응용
온라인 학습방법	실시간 화상 (온라인 피드백 도구) 동기유발 자료 제시 호기심 유발	실시간 화상 (콘텐츠 활용) 시범 실험 영상 시청	실시간 화상 발표 (소모임 발표 기능) 영상을 통한 관찰 기록 개념 추리 발표	실시간 화상 (협업 프레젠테이션) 모둠별 협업 발표 응용 피드백
온라인 수업도구	줌 + 유튜브 / EBS 아이스크림	줌 + e학습터 / EBS 온라인 클래스	줌 소회의실	잼보드 / 패들렛 / 비캔버스

(2) 조사학습

과학에서 조사학습은 교사가 과제를 부여하기보다, 스스로 주제에 대한 공부할 문제를 파악하여 의논해 보고 교사의 학습 문제 제시(안내)를 통해 각자 탐색할 수 있도록 유도하는 경험학습 모형을 적용하기를 추천합니다.

수업유형	조사수업	수업 특징	스스로 주제에 대한 문제 진술을 하거나 교사의 문제 제시 후 각자 탐색 수업	
수업모형 (경험학습)	자유탐색	탐색 결과 발표	교사 안내에 따른 탐색	탐색 결과 정리
학습방법	학습자료 자유 탐색	탐색 결과 발표 (모둠 전체 활동) 정리	학생 관찰 결과 새로운 방향 관점 제시	학생 정리 탐색 결과
온라인 수업 과정 (발견학습모형 재구성)	자유탐색	탐색 정리	교사 안내에 따른 결과 재구성 (탐색 결과 토의·토론)	탐색 결과 정리
온라인 학습방법	과제 수행 (실시간 화상) 주제 자료 탐색	실시간 화상 (소모임 발표 기능) 학생 개별 발표 다른 친구 의견 교환 결과 정리	실시간 화상 (과제 수행 피드백) 교사 피드백을 통한 새로운 방향 관점 정리	과제 수행 (학급 통계 피드백) 학생 최종 결과 정리 다양한 방법으로 표현
온라인 수업도구	줌	줌 소회의실	잼보드 / 비캔버스	구글 프레젠테이션 / 파워포인트

(3) 협동학습

과학에서 협동학습은 스스로 주변에서 느낀 문제점을 해결하는 STS(Science, Technology, Society) 학습모형을 적용하여 주제에 따라 사회적 상호작용을 통한 문제해결 방안을 제시하는 수업을 추천합니다.

수업유형	협동 수업	수업 특징	주제에 따라 사회적 상호작용을 통한 문제해결 방안 제시 수업	
수업모형 (STS 학습모형)	문제 소개	탐색	설명 및 해결 방안 제시	실행
학습방법	자료 관찰 문제 파악	준비한 자료 실험 관찰/분류/측정	관찰을 기록하고 개념을 추리한 후 질문 및 토의 거쳐 정리	발견한 규칙성 개념 확장 응용 정착 유도
온라인 수업 과정 (STS 학습모형 재구성)	수업 소개 문제 인식	탐색 자료조사 대안 토의 준비	문제 설명 해결 방안 토의 결론 제시	문제해결을 위한 실천

온라인 학습방법	실시간 화상 (콘텐츠 활용)	실시간 화상 (소모임 피드백) 자료조사 모둠 토의	실시간 화상 (전체 토의) 결론 도출	과제 수행 프레젠테이션 (학급 통계 피드백) 결과 정리하여 다양한 방법으로 표현
온라인 수업도구	줌	줌 소회의실	패들렛	멘티미터 / 슬라이도

(4) 문제중심학습

과학적 상황에서 다양한 해결 방법이 있는 비구조화된 문제를 주제로 온라인 수업으로 진행할 때는 자기주도적 학습으로 진행할 수 있는 탐구 학습모형 재구성을 추천합니다.

수업유형	문제중심학습	수업 특징	다양한 해결 방법이 있는 비구조화된 문제를 자기주도적 학습 진행 수업	
수업모형 (탐구 학습모형)	탐색 및 문제 파악	가설 설정	가설 검증	적용 및 새로운 문제 발견
학습방법	자료 관찰 문제 파악	준비한 자료 실험 관찰/분류/측정	관찰을 기록하고 개념을 추리한 후 질문 및 토의 거쳐 정리	발견한 규칙성 개념 확장 응용 정착 유도
온라인 수업 과정 (탐구 학습모형 재구성)	자유 탐색 문제 제기	가설 설정 문제해결 예상	가설 검증 정보 수집 / 자료 변환 통합 탐구	적용 및 새로운 문제 발견 지식의 유용성 확인
온라인 학습방법	실시간 화상 (콘텐츠 활용) 온라인 의견 교환	과제 수행 프레젠테이션 (모둠 개인 협업	실시간 화상 (소모임 피드백 - 전체 발표) 협업도구 정리	실시간 화상 (협업도구 발표적용)
온라인 수업도구	줌	비캔버스 / 잼보드	비캔버스 / 패들렛	비캔버스 / 잼보드

(5) 창의성 학습

발산적 사고와 수렴적 사고를 통해 다양한 정보를 수집하고 질문하며 아이디어를 분석·평가하고 해결책을 재구성하는 개념변화 학습모형을 활용해 창의적인 과학 수업을 진행합니다. 평소 학교에서 하기 힘든 창의적 협업은 패들렛과 워드월 등 온라인 도구를 통해 구현할 수 있습니다.

수업유형	창의성 학습	수업 특징	발산적 사고와 수렴적 사고를 통해 다양한 정보, 질문, 아이디어 분석 평가 해결책 선택 재구성	
수업모형 (개념변화)	개념 표현	개념 재구성	개념 응용	개념변화 검토
학습방법	발산적 사고 기법 브레인스토밍 브레인라이팅 마인드맵	스캠프 대치 결합 수정 확대 축소 다른 용도 사용 제거 재배열	수렴적 사고 기법 하이라이팅 PMI (Plus Minus Interesting)	다양한 의견과 생각 아이디어 정리하기
온라인 수업 과정 (개념변화 학습모형 재구성)	생각 표현	생각 재구성	생각 모으기	아이디어 정리
온라인 학습방법	실시간 화상 안내 (온라인 표현 도구) 온라인 포스트잇	실시간 화상 (온라인 협업도구) 온라인 포스트잇 추가 수정 재배열	실시간 화상 (소모임 게시판 SNS) 모둠 생각 모으기	시간 화상 전체 회의 모둠 발표 아이디어 투표 도출
온라인 수업도구	줌 + 패들렛 / 워드월	패들렛	학급 게시판	잼보드

(6) STEAM(융합인재) 교육

STEAM(Science·Technology·Engineering·Arts·Mathematics, 과학·기술·공학·예술·수학 교과간 통합 교육) 수업은 주제를 소개하고 안내하여 학생 스스로 문제해결 방법을 구성해 보는 순환 학습모형을 재구성하여 진행합니다.

수업유형	STEAM 교육	수업 특징	과학·기술·공학·예술·수학 교과간 통합 교육
수업모형 (순환)	탐색 상황 제시	개념 도입(설명) 창의적 설계	개념 적용(정교화 평가) 감성적 체험
학습방법	교과융합수업 안내 문제해결 구체적 상황	문제해결 방법 스스로 구성해보기	문제해결 과정과 결과 정리를 통해 흥미, 열정, 동기부여
온라인 수업 과정 (순환 학습모형 재구성)	문제 제시 탐색	문제해결 설계 개념 용어 도입	결과 정리 / 개념 적용 / 일반화
온라인 학습방법	실시간 화상 (콘텐츠 활용) 수업 주제 전달	실시간 화상 (온라인 포스트잇 구성) 모둠별 개별 조사 해결 방법 개인 의견	실시간 화상(협업 투표 의견 결정) 모둠 의견 칭찬하고 장점 모아 전체 의견 결정
온라인 수업도구	줌	패들렛 / 비캔버스	멘티미터 / 슬라이도 / 잼보드

〈식물의 생활〉 수업 사례

초등학교 4학년 2학기 1단원 〈식물의 생활〉 실시간 화상 수업 사례입니다. 발견 학습모형을 적용해 들과 산의 식물 조사를 통해 풀과 나무의 공통점과 차이점을 알아보는 수업입니다. 학생이 스스로 조사하고 관찰하여 규칙성을 찾아 일반화하는 과정을 실시간 쌍방향 수업으로 진행합니다.

초등학교 과학 실시간 화상 수업 사례

교과	과학	대상	4학년	수업일시	2020	수업 플랫폼	줌
단원	1. 식물의 생활			소단원	과학탐구		
학습주제	들이나 산에는 어떤 식물이 살까요?			차시	4-5/10	교과서	16-19쪽
학습목표	들과 산의 식물 조사 특징 알기 풀과 나무 공통점과 차이점 알기			수업유형 수업모형	조사수업 경험학습	지도교사	

중점활동	탐색 - 정리 - 발표		수업특징	학생참여 조사 / 온라인 퀴즈 확인
교사준비	화상 수업 온라인 화이트보드 퀴즈 사전 설정		학생준비	줌 접속 기기 확인

학습단계	학습과정	교수 - 학습 활동	시간	수업도구 유의점
자유탐색	준비 동기유발	• 자료 영상보고 들이나 산에서 식물을 본 경험 발표하기 • 식물은 풀과 나무로 나뉜다 (youtu.be/2DHjfDszp78)	5	• 수업 시작 전 줌에 접속해 서로 인사하고 이상 유무 확인 • 발표자 선정 도구 (클래스123 아이스크림)
문제파악	학습목표	풀과 나무의 공통점과 차이점 발표하기	5	• 줌 + 파워포인트 • 화이트보드 제시
	학습방법	조사방법 안내 – 발표순서 제시		
탐색정리	자료제시 관찰탐색	• 식물 조사 방법 • 네이버 식물 / 네이버 렌즈 • 인터넷 식물도감 '풀베개' • 앱스토어 식물도감 식물찾기 앱	5	• 네이버 검색 • 식물 직접 촬영 찾기 • 앱스토어 소개 교사 시범
교사안내 결과분류	추가 자료 탐색 정리	• 조사한 식물 분류하기 • 풀:강아지풀, 민들레, 토끼풀 등 • 나무: 소나무, 밤나무, 떡갈나무, 단풍나무 등	10	• 니어팟 • 학생이 입력 내용 직접 바로 확인
탐색결과 정리	규칙성 발견 개념정리	풀과 나무의 공통점과 차이점 정리하기	10	• 멘티미터 / 슬라이도 • 학생이 입력 내용 직접 바로 확인
정리평가 피드백	확인	풀과 나무의 공통점과 차이점 퀴즈 풀고 결과 확인하기	5	• 띵커벨 • 학생결과 바로 확인 (순위 포함 평가결과)

평 가 계 획			
평가내용	식물의 특징으로 풀과 나무 분류하기		

평가관점	상	중	하
식물의 특징	식물 3개 이상 구분	식물 2개 이상 구분	식물 1개 이상 구분
풀과 나무 분류	공통점과 차이점 3개 제시	공통점과 차이점 2개 제시	공통점과 차이점 1개 제시

수업 사전 준비와 수업 진행, 수업 후 정리해야 할 온라인 도구와 내용은 다음과 같습니다.

초등학교 과학 실시간 화상 수업 온라인 도구 활용

교과 단원	과학 탐구		수업 특성	조사학습(조사 발표 평가)
온라인 도구	**수업 전 준비**	**수업 주의사항**		**수업 후 정리**
줌	• 회의 비디오·오디오 세팅 • 온라인 도구 화면 공유 방법 숙지(듀얼 모니터 추천) • 접속 주소 학생 알림 • 실시간 수업 학생 에티켓 교육	• 모니터링 스마트폰 준비 • 마이크는 1개 기기만 ON • 화면 주석 기능 활용 • 저장 채팅 출석		• 수업 저장 자료 검토 • 출석 및 수업 태도 피드백
발표선정 도구 (클래스123 / 아이스크림)	학생 구성 사전 입력	발표 토론 진행 선출		수업 시 1회 이상 참여 기회 분배
프레젠테이션 도구 (니어팟)	수업 전달 내용 사전 구성	화면 주석 필기 도구 활용		수업 내용 확인할 수 있도록 학급관리 앱 SNS 공유
피드백 도구 (멘티미터 / 슬라이도)	학생 분류 목록 사전 예상	• 수업시 발표 목록 추가 • 실시간 결과 반영		• 결과 정리 • 학급관리 앱 SNS 공유
퀴즈 도구 (띵커벨)	수업 내용 정리 퀴즈 제작	• 조사해서 정리한 내용 확인 • 실시간 피드백		학생 보충 심화 유도

📖 수업 각 단계별 사용되는 온라인 도구 팁

아이스크림 발표 도우미

초등교육 콘텐츠 웹사이트 아이스크림(www.i-scream.co.kr)에 접속하면 오른쪽 퀵

패드 3번째 발표 도우미 기능을 이용해 학생을 선택할 수 있습니다. 발표 도우미 외에도 발표 복권, 추억의 뽑기, 빙글빙글 돌림판, 사다리 타기 등 다양한 방법이 있습니다.

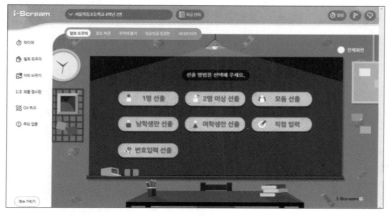

아이스크림 발표도우미

니어팟

구글 프레젠테이션과 연동되는 대화형 프레젠테이션 기능과 실시간 협업, 그리기, 퀴즈, 설문 등 다양한 기능을 지원하는 온라인 수업도구입니다.

니어팟 슬라이드 제작 화면

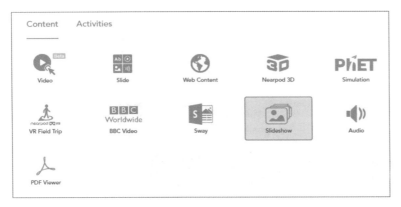

니어팟 제작 콘텐츠 옵션

니어팟 제작 액티비티(대화형 콘텐츠) 옵션

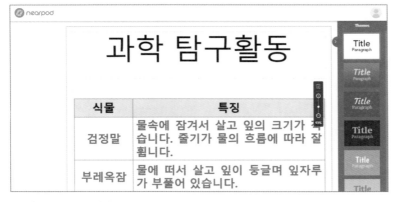

니어팟 슬라이드(프레젠테이션) 화면

멘티미터

수업 내용을 잘 이해하였는지 확인할 수 있는 발표 내용 공유, 설문 퀴즈, 통계 수업도구로 원래 다수의 강연에서 청중의 피드백을 받기 위해서 많이 쓰였던 멘티미터는 실시간 화상 수업에서 학생들의 수업 피드백, 형성평가를 받는 데 매우 유용합니다. 무료로도 사용이 가능하며, 수업 자료를 만들어 놓고 사용하기 편리합니다. 구글 프레젠테이션 슬라이드를 가져오거나 저장이 가능하여 기존 자료를 변환하기도 좋습니다.

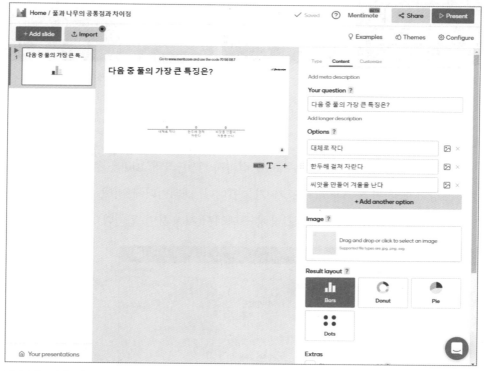

멘티미터 프레젠테이션 제작 화면

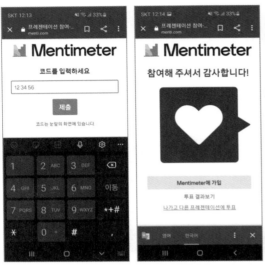

멘티미터 모바일(스마트폰) 접속 화면　　　　　멘티미터 결과 화면 PC(교사용)과 접속자(학생용) 화면

슬라이도

멘티미터와 유사한 슬라이도는 무료로 접속자(학생) 최대 100명, 청중 Q&A 분석, 이벤트당 1개의 퀴즈, 5개의 투표가 가능합니다. 멘티미터에 비해 제한이 좀 있지만 입력 방법이 약간 달라 주제에 맞게 선택해서 사용하면 됩니다.

슬라이도 프레젠테이션 제작 화면

슬라이도 모바일(스마트폰) 접속 화면

슬라이도 결과 화면 PC(교사용)과 접속자(학생용) 화면

음악
온라인 수업 사례

음악 수업을 위해 목소리로 노래하거나, 악기를 부는 활동은 바이러스 확산 방지를 위해 등교 수업에서는 제한적으로 실시됩니다. 음악 교과의 특성상 자신의 소리를 듣고 그에 따른 피드백을 주고받거나 다른 사람의 소리를 듣고 그 느낌을 공유하는 활동은 반드시 필요합니다. 그러나 동시에 서로 동시에 소리를 내더라도 실시간 시스템의 한계로 딜레이가 생깁니다. 교사의 안내에 따라 들으면서 내가 소리를 내더라도 서로 다른 타이밍에 소리를 낼 수밖에 없는 등 한계가 있습니다. 상대적으로 감상 수업은 오디오나 비디오를 주로 활용하므로 온라인 수업에서도 원활하게 이용할 수 있습니다.

음악 교과에서 가장 흔하게 하는 가창 활동의 온라인 수업 사례를 제시하면 다음과 같습니다.

📖 〈강강술래〉 수업 사례

초등학교 4학년 2학기 4단원 〈달망달망 놀이〉 중 〈강강술래〉 실시간 화상 수업 사례입니다. 이 단원에서는 시김새를 살려 노래하는 활동을 통해 남도 민요의 특징을 이해하고, 중중모리장단의 한배를 느낄 수 있습니다. 또한 노래 가사 바꾸기 활동을 통해 음악을 자신의 음악으로 새롭게 만들 수 있음을 경험하게 합니다.

초등학교 음악 실시간 화상 수업 사례

교과	음악	대상	4학년	수업일시	2020	수업 플랫폼	줌
단원	4. 달망달망 놀이			소단원	강강술래($\frac{1}{2}$)		
학습주제	'강강술래' 부르기			차시	9/12	교과서	62-63쪽
학습목표	시김새를 살려 노래 부르고, 중중모리장단의 한배를 느끼며 노래할 수 있다.			수업유형 수업모형	가창중심 학습모형	지도교사	
중점활동	감각적 감지 - 기초기능 파악 - 표현방법 탐색 - 창조적 표현 - 내면화			수업특징	교사의 시범, 소그룹 활동		
교사준비	화상 수업 온라인 화이트보드 퀴즈 사전 설정			학생준비	줌 접속 기기 확인		

학습단계	학습과정	교수 - 학습 활동	시간	수업도구 유의점
감각적 감지	준비 동기유발	• 강강술래 영상을 보며 아는 노래 따라 하기 www.youtube.com/ watch?v=zjg757sy8k8	5	• 수업 시작 전 줌에 접속해 서로 인사하고 이상 유무 확인 • 컴퓨터 소리 공유 기능 활성화 확인
기초기능 파악	학습목표	시김새를 살려 노래 부르고, 중중모리장단의 한배를 느끼며 노래할 수 있다.	5	• 줌 + 파워포인트
	학습방법	교사의 선창에 맞추어 듣고 따라 부르며 제재곡 익히기		
표현방법 탐색		• 시김새를 살려 노래 부르기 - 손으로 가락을 표현하며 노래하기 • 중중모리장단 듣기 Ⓘ Ⅰ Ｏ Ⅰ Ⅰ Ｏ Ｏ Ⅰ Ｏ Ｏ	5	• 줌 • 모두에게 추천 사용하여 교사의 손을 확대 • 화이트보드 제시

창조적
표현
		• 메기고 받으며 노래 부르기
		  – 메기고 받는 형식 이해하고, 교사와
		    학생, 학생과 나머지 학생 등의 방법
		    으로 노래 부르기
		• 메기는 부분의 노랫말 바꾸기
		  – 모둠별로 노랫말을 바꾸어 노래
		    하기 발표
			15	• 줌
				  – 소회의실
				  – 주석(텍스트) 바꾼 노랫
				    말 공유
				• 발표자 선정 도구
				  (클래스123 아이스크림)

내면화		시김새를 살려 노래 부른 소감 나누기	10	줌

평 가 계 획

평가내용	식물의 특징으로 풀과 나무 분류하기		
평가관점	**상**	**중**	**하**
'강강술래' 노래 부르기	시김새를 살려 노래 부르고, 중중모리장단의 한배를 느끼며 노래할 수 있다.	시김새를 살려 노래 부르거나, 중중모리장단의 한배를 느끼며 노래할 수 있다.	시김새를 살려 일부를 노래하거나, 중중모리장단의 기본박을 이해한다.

미술
온라인 수업 사례

초등학교 미술 교과에서는 미술의 기초 능력을 함양하는 데 중점을 둡니다. 세부적으로는 미술 교과를 통해 미술 작품의 특징과 배경을 탐색하고 이해하거나, 주제를 다양한 방식으로 탐색하고 자유롭게 작품을 제작하는 능력을 기릅니다. 또한 자신과 주변 대상에서 미적 특징을 발견하고, 소통하는 능력을 기릅니다.

온라인 학습에서는 미술 교과를 블렌디드 수업blended learning으로 진행하는 것이 적절할 수 있습니다. 온라인 학습에서는 미술 작가들의 작품을 감상하고 자신의 작품을 만들어낼 수 있습니다. 학생마다 작품을 만드는 데 들어가는 속도가 다르지만, 온라인 수업에서는 수업 후에도 자신의 작품을 연속하여 만들 수 있으므로 학생들이 시간 제한에 대한 부담 없이 작품 활동을 진행할 수 있습니다. 또한 학생들의 작품을 모아 온라인 미술관으로 만들어준다면 미술 활동이 단발성으로 끝나지 않고, 학생의 포트폴리오가 될 수 있습니다.

한편 미술 용구의 사용법이나 표현 재료의 특징을 배울 때는 등교 수업이 적절합니다. 또한 돌아다니면서 다른 학생의 작품을 감상하거나 서로 다른 느낌과 생각을 이해하는 것을 배우는 데에도 등교 수업이 더 적절할 수 있습니다.

📖 〈나는야, 디자이너〉 수업 사례

초등학교 3학년(동아출판) 2학기 5단원 〈나는야, 디자이너〉 실시간 화상 수업 사례입니다. 이 단원에서는 창의적 문제해결법을 통해 고마운 사람들을 위한 물건을 디자인해 보는 활동을 합니다. 온라인 수업 전, 등교 수업에서 수업에 필요한 도구의 사용법을 가르치고, 온라인 수업에서는 물건을 디자인해 봅니다. 다시 등교 수업에서는 디자인한 물건을 소개합니다.

초등학교 미술 실시간 화상 수업 사례

교과	미술	대상	3학년	수업일시	2020	수업 플랫폼	줌
단원	5. 나는야, 디자이너			소단원			
학습주제	쓸모와 편의성, 아름다움을 고려하여 물건 디자인하기			차시	4-5/6	교과서	28-31쪽
학습목표	고마운 사람들을 위한 물건을 디자인할 수 있다.			수업유형 수업모형	창의적 문제 해결법	지도교사	
중점활동	아이디어 탐색, 아이디어 정교화			수업특징	실용적이고 재미있는 디자인에서 오는 아름다움 나누기		
교사준비	화상 수업 PPT 디자인 예시 작품 (실물, 사진)			학생준비	줌 접속 기기 확인, 색종이, 고무줄, 나무 막대, 페트병 등의 재료, 접착제 (목공용 본드)		

학습단계	학습과정	교수 - 학습 활동	시간	수업도구 유의점
문제 인식	동기유발 학습문제 확인	• 생활용품 중에서 쓸모와 아름다움이 함께 있는 물건 보기 – 기존의 물건과 비교하여 생각하기 • 고마운 사람을 위한 물건을 디자인하기	5	• 수업 시작 전 줌에 접속해 서로 인사하고 이상 유무 확인 • PC에 연결된 실물 화상기 혹은 카메라로 실물 보여 주기
아이디어 탐색		'디자인'의 뜻 알기	5	• 줌 + 파워포인트 • 발표자 선정 도구 (클래스123 아이스크림)
		• 선물할 대상 결정하기 – 고맙거나, 축하거나, 화해의 뜻으로 선물할 대상 정하기 • 선물할 물건 결정하기 – 선물을 받을 상대에게 필요한 물건 결정하기	10	

아이디어 정교화		•선물할 물건 계획하기 - 쓸모와 편리성, 아름다움을 생각하여 그 사람을 위한 물건 디자인하기 1) 물건 모양 그리기 2) 알맞은 재료 선택 3) 만드는 순서와 방법 4) 수정, 보완할 부분 찾아 정리	10	•학습지 •줌 •물건 디자인할 때 자유롭게 질문하여 적합한 재료와 방법 논의하기 •학습지(계획서) 사진 찍어 학급 SNS(클래스팅, 하이클래스 등)에 탑재
아이디어 적용		•선물할 물건 만들기 - 계획을 바탕으로 선물할 물건 만들기 •디자인 계획에 따라 완성된 모양을 생각하며 재료의 특성을 살려 만든다. •만드는 방법이나 물건에 따라 소회의실로 나누고, 서로에게 질문하고 도움을 받을 수 있도록 한다. (시간 내 완성하지 못하면 수업 종료 후 계속 만들도록 지도)	10	•줌 소회의실
종합 및 재검토		이후 등교 수업에서 실시		줌

평 가 계 획

평가내용	쓸모와 아름다움을 생각하여 디자인할 수 있는가?		
평가관점	**상**	**중**	**하**
물건 디자인하기	쓸모와 아름다움을 생각하여 필요한 물건을 창의적으로 디자인한다.	쓸모 또는 아름다움을 생각하여 필요한 물건을 디자인할 수 있다.	쓸모와 아름다움을 생각하여 필요한 물건을 디자인하지 못한다.

체육
온라인 수업 사례

체육은 다른 교과와 달리 신체 활동이 주가 되는 교과입니다. 체육을 통해 학생들은 건강을 증진시키고, 종합적인 운동 능력을 기를 수 있습니다. 방이라는 한정된 공간에서는 학생들이 신체 활동을 하는 데 제약이 있습니다. 축구나 배드민턴과 같이 여러 명을 필요로 하는 활동은 온라인 수업으로 부적절하기 때문에 기능을 익히거나, 약식으로 변형시켜 활동을 해야 합니다.

〈종이공 튀기기〉 수업 사례

초등학교 체육 과목에서는 3학년은 속도, 4학년은 동작, 5학년은 거리, 6학년은 표적/투기 도전을 다룹니다. 〈종이공 튀기기〉는 특정한 학년에 속하지는 않습니다. 이 차시는 직접 교수 모형을 통해 가정에 있는 종이로 종이공을 만들고, 종이공을 튀기는 방법을 배우고, 피드백 및 교정을 받은 과정으로 이루어집니다. 이를 통해 학생들은 협응력과 민첩성, 끈기 있는 태도를 기릅니다.

초등학교 체육 실시간 화상 수업 사례

교과	체육	대상	3학년	수업일시	2020	수업 플랫폼	줌
단원	2. 도전			소단원			
학습주제	협응력과 민첩성 기르기			차시		교과서	
학습목표	종이컵 튀기기로 협응력과 민첩성을 기를 수 있다.			수업유형 수업모형	직접 교수 모형	지도교사	
중점활동	교사의 시범, 개인 연습, 피드백			수업특징	직접 교수 모형을 통해 배우고, 연습하기		
교사준비	화상 수업 PPT , 종이공, L자 파일			학생준비	줌 접속 기기 확인, 종이, L자 파일, 학습지		

학습단계	학습과정	교수 - 학습 활동	시간	수업도구 유의점
과제 제시	동기유발 학습문제 확인	•축구공 띄우기 영상 보기 (www.youtube.com/ watch?v=XVvLNU52p70) •영상 보고 생각 나누기 – 공을 잘 띄우려면 어떻게 해야 할까요? – 발로 띄우기와 손으로 띄우기 중 어떤 것이 어려울까요? •종이컵 튀기기를 통해 협응성과 민첩성을 기를 수 있다.	5	•수업 시작 전 줌에 접속 해 서로 인사하고 이상 유무 확인
아이디어 탐색		협응성과 민첩성의 뜻 알아보기	5	•줌 + 파워포인트
		•종이공 튀기기 시범 보이기 – 손으로 튀기기 1) 한 손으로 튀기기 2) 양 손으로 튀기기 3) 벽에 튀기기 – L자 파일로 튀기기 1) 한 손으로 튀기기 2) 양 손으로 튀기기 3) 벽에 튀기기		•PC에 연결된 실물화상기 혹은 카메라로 확대하여 보여주기

과제 연습 피드백 및 교정		• 종이공 만들기
		  - 신문지 또는 쓰지 않는 종이를 구겨 종이공을 만든다.
		• 종이공 튀기기 연습하기
		  - 개수를 정해 두고 튀긴다.
		• 연습 시간을 정해 두고 활동
		• 종이공 튀기기 대결하기
		  - 학생 전체가 동시에 시작하여 종이공 튀기기를 대결한다.
		• 오랫동안 성공한 학생의 방법을 공유하고, 자세가 바르지 않은 학생에게 피드백한다.
			10	• 학습지
				• 줌
				• 물건 디자인할 때 자유롭게 질문하여 적합한 재료와 방법 논의하기
				• 학습지(계획서) 사진 찍어 학급 SNS(클래스팅, 하이클래스 등)에 탑재

독자적인 연습		• 종이공 튀기는 방법 만들기 - 기존에 제시한 방법 이외에 종이공으로 도전할 수 있는 활동을 제안하고, 그중 몇 개를 뽑아 함께 도전한다.	10	
본시 복습		• 학습 정리하기 - 가정에서 할 수 있는 도전 과제를 적은 학습지에 종이공 튀기기 도전 기록을 기록한다.	5	• 학습지

평 가 계 획

평가내용	기록을 향상할 수 있는 기본 자세와 동작을 찾아 도전하고, 지속적으로 노력하는 태도를 실천하는가?		
평가관점	상	중	하
	기록을 향상할 수 있는 기본 자세와 동작을 찾아 도전하고, 지속적으로 노력하는 태도를 실천한다.	기록을 향상할 수 있는 기본 자세와 동작은 있지만, 지속적으로 노력하는 태도가 부족하다.	기록을 향상할 수 있는 기본 자세와 동작이 부족하고, 지속적으로 노력하는 태도도 부족하다.

창의적 체험활동 / 특별활동
온라인 수업 사례

교과수업과 달리 창의적 체험활동 영역에서는 줌 기반으로 다양한 수업을 시도해 볼 수 있습니다. 코로나 이전에는 전문가 초청 교육은 강사님들이 실제로 교실 방문 수업이 주를 이뤘으나 코로나 이후에는 원격영상 진로멘토링 같은 줌 기반 화상 수업이 자연스러워졌습니다. 더불어 퀴즈배틀, 그림책 읽어 주기, 세계의 국기 퀴즈 풀기, 플립그리드를 활용한 교류 수업이 더욱 많아졌습니다.

📖 퀴즈배틀

클래스카드는 영어 단어를 외우는 데 최적화된 도구입니다. 저는 2017년부터 수업에 유용하게 활용해 왔는데, 학생들이 적극적으로 참여하게 만든 계기는 퀴즈배틀 서비스의 출시였습니다. YBM과 협력하여 1년에 6회 정도 YBM 영어 교과서 퀴즈배틀 반 대항전을 개최하는데, 상품으로 피자 파티를 하는 것이 학생들에게는 동기부여가 되었습니다. 2020년 코로나 상황을 겪으면서 가정, 학생, 교사 모두가 자연스럽게 줌 기반 원격 교육을 경험하게 되었고 줌 기반 퀴즈배틀을 시도할 수 있게 되었습니다. 줌 기반 퀴즈배틀은 총 4차시로 계획했습니다.

1차시: 퀴즈배틀 사용법 안내하기

2차시: 가정에서 퀴즈배틀로 재밌게 겨루는 법 안내하기

3차시: 줌 기반으로 퀴즈배틀 하기

4차시: 줌 기반으로 퀴즈배틀 반 대항전 참여하기

(1) 퀴즈배틀 사용법 안내하기

퀴즈배틀은 크롬에 최적화되어 있습니다. 따라서 사전에 학생들에게 익스플로러에서는 참여할 수 없음을 학생들에게 안내하고 컴퓨터실에 크롬이 설치되어 있지 않은 경우에는 "크롬 설치"를 검색하여 웹브라우저를 설치하도록 안내합니다. 크롬에서 클래스카드 퀴즈배틀(b.classcard.net)에 접속합니다.

교사는 클래스카드 배틀(battle.classcard.net)을 선택합니다. 쎄듀 출판사의 천일문 교재, YBM의 초중고 영어 교과서 암기 카드 세트가 준비되어 있습니다.

초등 5, 6학년에게는 처음 활동으로 [인기세트] 탭을 선택하고 '아재개그', '연예인 (가수)', '세계의 국기', '한국을 빛낸 100명의 위인'들을 차례로 체험하게 해 줍니다.

인기세트 중에서 '아재개그' 세트를 살펴보겠습니다. '아재개그' 방을 만들면 다섯 자리 숫자 배틀코드가 생성됩니다.

Tip

배틀코드는 방을 만들 때마다 달라집니다.

학생들은 교사가 제시한 다섯 자리 숫자 배틀코드를 화면에 입력합니다.

학생들은 교사가 제시한 다섯 자리 숫자 배틀코드를 화면에 입력합니다.

 Tip

학생의 이름은 실명으로 쓰도록 안내합니다. 누구인지 알아보기 힘든 닉네임을 계속 쓰는 학생의 경
우는 '이번 게임만 퇴장' 옵션을 선택하면 됩니다. 퀴즈배틀 진행 후에 다음 퀴즈배틀을 준비하려면
[크롬의 이전으로 돌아가기]를 클릭합니다.

1차시 수업 후에 학생들은 퀴즈배틀 이용 방법을 충분히 숙지하여 즐거운 마음으로 참여하게 되었습니다. 방을 만들 때 입력한 이메일 주소로 퀴즈배틀 결과 리포트를 받아볼 수 있습니다.

(2) 가정에서 퀴즈배틀로 재밌게 겨루는 법 안내하기

2차시에는 본격적으로 초등학교 6학년 영어 단어를 제시했습니다. 그리고 학생 화면과 교사 화면을 만드는 과정을 보여 주면서 가정에서도 가족끼리 퀴즈배틀을 즐길 수 있도록 안내하였습니다. 추가로 동기부여가 되게끔 11월 말에 영어 단어 퀴즈배틀 11월 대회(전국 1등 상품: 문화상품권)가 개최 예정임을 안내했습니다.

[초/중/고 필수 영단어] 탭을 선택하고 'EBS 초등 6학년 영어 단어'를 선택합니다. 단어 수는 124개이며, 랜덤으로 문제가 출제됩니다.

6학년 영어 단어 퀴즈배틀을 3회 반복합니다. 그 과정에서 퀴즈배틀이 문제은행 형식이라 6학년 교과서에 실려 있는 124문제만 외우면 전국 1등을 할 수 있다고 안내하여 학습의욕을 북돋워 줍니다. 학생 화면과 교사 화면을 만드는 과정을 보여 주면서 가정에서도 가족끼리 퀴즈배틀을 즐길 수 있도록 안내했습니다.

가정의 노트북 또는 PC로 '한국을 빛낸 100명의 위인들' 방을 만들고 가족들에게

다섯 자리 숫자 배틀코드를 알려줍니다. 가족 각자 폰의 모바일 웹브라우저에서 똑같이 퀴즈배틀 학생 화면에 접속하고 배틀코드를 입력해 가족이 같이 역사 실력을 겨룰 수 있습니다.

 Tip

> 학교 컴퓨터실에서는 영어 단어를 듣고 문제를 풀기 어려운 학생들이 생깁니다. 자리마다 헤드셋이 없는 경우도 있으므로 개인 이어폰을 준비하거나 가정에서 스피커를 켜놓고 참여하는 등의 방법으로 안내하면 좋습니다.

(3) 줌 기반으로 퀴즈배틀 하기

줌 기반 퀴즈배틀을 시도해 봅니다. 먼저 개인 회의 ID를 이용해 줌 교실을 개설하고 다음과 같이 안내합니다.

> **줌 교실 개최 안내**
>
> 일시: 2020.11.9.(월) 20:00~20:30(30분간 실시 예정)
>
> 빠른 진행을 위해 19:50분까지 입장해 주시기 바랍니다.

줌에서 회의 링크를 생성하면 길고 복잡한 URL이 생성되지만, 학생들이 쉽게 입력해 들어올 수 있도록 단축 링크를 만들어 학생들에게 안내했습니다. 줌 교실 설정에서 '대기실 사용 안 함', '비밀번호 없음'으로 설정합니다.

줌 교실에 학생들 입장 후에 초등학교 영어단어 800 퀴즈배틀 방을 만듭니다.

새 탭에 다섯 자리 숫자의 배틀코드를 생성합니다.

줌 패널에서 [화면 공유]를 선택한 후에 배틀코드를 화면에 공유합니다.

학생들이 입장해 줌 기반 퀴즈배틀 초등학교 영어단어 800을 즐깁니다.

 Tip

학생들에게는 실명으로 접속하도록 안내합니다. 부적절한 이름으로 접속한 학생의 경우는 [이번만
퇴장]을 선택합니다.

(4) 줌 기반으로 퀴즈배틀 반 대항전 참여하기

러너스마인드에서 운영하는 클래스카드 학교 선생님 카페에 접속하여 유용한 정보를 얻습니다.

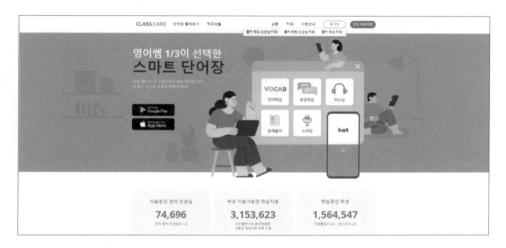

퀴즈배틀의 빅 이벤트, 퀴즈배틀 반 대항전에 참여합니다. 퀴즈배틀 반 대항전에는 〈6학년 영어 동아리〉, 〈5학년 영어 동아리〉를 조직하여 참여합니다. 평소에는 초등학교 영어단어 800을 중점적으로 연습하도록 안내했습니다. 수업 진도에 맞춰 원격수업을 끝낸 후에 희망 학생들만 남아서 퀴즈배틀을 실시했습니다. 가정에 호의적인 반응을 이끌어내기 위해 가족끼리 아재개그 및 한국을 빛낸 100명의 위인들 방을 만들어 겨루어 보도록 지도했습니다. 전국 1등을 목표로 노력하는 습관을 길러서 좋고 전국 1등이 되지 않더라도 영어 단어 실력을 키울 수 있어 멋진 서비스라고 생각합니다.

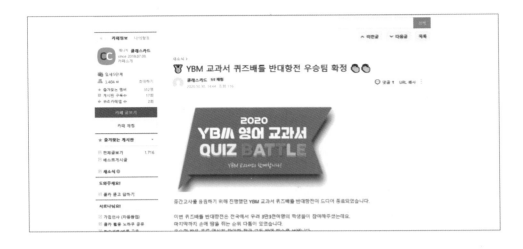

11월 30일에 12월 퀴즈배틀 대회 안내문이 게시되었습니다.

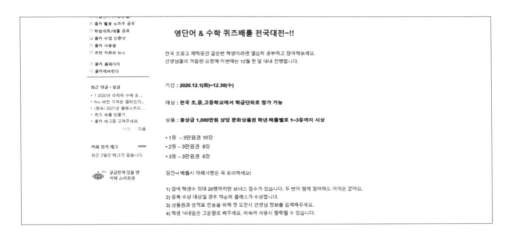

실과 전담교사는 단일 학급으로 참여하기 힘들어서 5학년 오픈채팅방, 6학년 오픈
채팅방을 만들어서 주말에 참여 가능한 학생들만 줌 기반 퀴즈배틀 동아리를 운
영해 보려고 합니다.

3차 대유행으로 본교 5, 6학년 교실 수업, 원격 수업 진행이 결정되었고, 마침 원격
수업 기간에 원격영상 진로멘토링을 줌 교실에서 진행하게 되어 이어서 퀴즈배틀

도 진행하게 되었습니다. 그래서 참가유형도 동아리를 별도 조직할 필요 없이 학급 단위로 자연스럽게 참여하게 되었습니다.

초등 수학 퀴즈배틀 6학년 화면입니다.

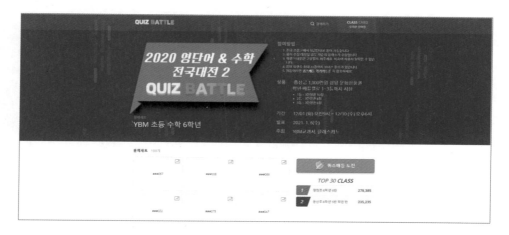

영어 단어 퀴즈배틀 5학년 화면입니다.

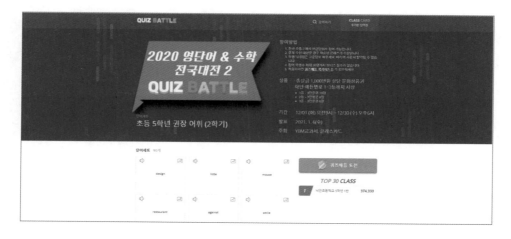

📖 원격영상 진로멘토링

코로나 이전에 전문가 초청 수업은 보통 전문가 강사를 교실에 모셔서 현장에서 강의를 진행했기 때문에 학기당 한 번 하기에도 부담스러운 일이었습니다. 그러나 코로나 이후 학생, 교사, 학부모 모두 비대면 화상 교육에 익숙해진 덕분에 원격영상 진로멘토링을 통해 진로 수업을 진행했습니다.

먼저 원격영상 진로멘토링 웹사이트(mentoring.career.go.kr)에 접속하고 진로교육정보망 통합회원으로 가입합니다.

회원가입 후에 교실을 개설해야 합니다. [나의 교실] – [교실 신청 관리] 메뉴에서 교실 신규 개설을 신청합니다.

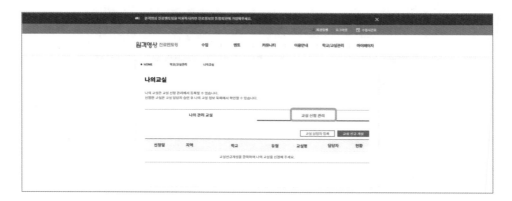

5학년 진로멘토링을 위해 예정일인 12월 8일 수업 목록을 검색합니다.

그중에서 3교시에 적합한 플로리스트 수업을 선택했습니다. 10시 45분 전문가 플로리스트 멘토링 수업을 선택하고 참여 신청을 완료했습니다. 이제 12월 8일에 5학년 수업을 들어가서 학생들에게 사전에 플로리스트에 대해 설명하고 학생들에게 질문을 준비시킨 후에 원격영상 진로멘토링 수업에 참여하면 됩니다.

5학년 다른 반 수업을 예약합니다. 12월 9일 1~2교시 수업을 위해 검색하다 보니 '과학수사관'이라는 직업을 발견했는데, 주문형 수업이어서 지정된 학급만 참여 가능하고, 다른 학급은 참관만 가능한 형태입니다.

위 수업을 참관 신청 후에 주문형 수업을 어떻게 신청하는지 찾아 보았습니다. [커뮤니티] – [수업 요청하기] 메뉴를 선택하여 주문형 수업을 요청할 수 있습니다.

'과학수사관이라는 직업이 매력 있는 것 같아 위의 시간대에 5학년 학급을 대상으로 과학수사관 멘토링 수업을 요청드립니다. 3~4교시 수업이라 10:30~11:45 중에 가능합니다. 고맙습니다.' 이러한 내용으로 요청을 하고 수업 신청을 완료했습니다.

수업 요청을 위해 멘토 소개 메뉴를 이용하였습니다. [멘토] - [멘토 소개]/[멘토 인터뷰] 메뉴에서 다양한 직업을 살펴보면서 기존에는 많이 알려져 있지 않은 직업을 선정해 보았습니다.

마필관리사, 동물매개치료사, 유튜브 크리에이터, 가상현실전문가, 미래식량연구가(식용 곤충을 연구함), 공군 파일럿, 달탐사연구원, 스마트카 개발자, 조향사, 과학수사관, 반려견 훈련사, 플로리스트

5학년 진로교육 단원을 지도하기 위해 줌 기반의 원격영상 진로멘토링 수업을 진행했습니다. 11월 30일에 원격영상 진로멘토링 담당자가 전화로 친절하게 안내해 주고 수업 배정을 결정했습니다. 당초 참관수업으로 진행하기로 했는데 참여수업

으로 변경해서 좋았습니다. 이 기간에 5학년 네 학급이 원격 수업 기간이라 줌 기반 원격영상 진로멘토링을 운영하게 되었습니다.

수업 전에 다음과 같은 메시지를 5학년 담임선생님들께 보내드렸습니다.

줌 교실 개최 안내

주제: 원격영상 진로멘토링

일시: 2020.12.8.(화) 10:45~11:15(30분간 실시 예정)

줌 교실 링크:

us02web.zoom.us/j/6182815420?pwd=R0t2L2N4bHVlTXFYU1pXM0ZrS1JW

UT09 (빠른 진행을 위해 10:30분까지 입장해 주시기 바랍니다.)

12월 8일(화) 10:45~11:15(30분간 진행)	해당 학반: 5-4반	주제: 플로리스트
12월 9일(수) 9:10~9:40	해당 학반: 5-2반	주제: 과학수사관
10:00~10:30	해당 학반: 5-3반	주제: 과학수사관
12월 11일(금) 11:00~11:30	해당 학반: 5-1반	주제: 반려견 훈련사
12월 14일(월) 11:00~11:30	해당 학반: 6-4반	주제: 경찰관

1. 6학년 4반은 교실 수업이며 경찰관이 참여하는 수업이라 교사용 컴퓨터에서 연결 하여 학생들과 멘토링을 진행하려고 합니다.
2. 5-3반은 12월 9일(수)에 과학수사관 수업이 10시부터라서 부득이 그렇게 잡았사오 니 담임선생님께서 시간을 정확하게 안내해주시길 요청드립니다.
3. 당일 줌 교실 진행은 제가 실과실에서 진행하려고 하오니 양해 바랍니다.
4. 궁금한 사항은 언제든지 실과실(7039)로 연락 주십시오.

5학년 담임교사들과 줌 기반 영상멘토링 수업 안내 미팅을 했는데, 그 과정에서 결정된 사항이 있습니다. 원래는 임시로 오픈 채팅방을 개설하여 줌 교실 링크를 안내하려고 했는데, 출석 체크를 확인하기 어렵다는 문제가 있어 e학습터에 강좌를 개설하고 줌 교실 링크를 안내하기로 했습니다.

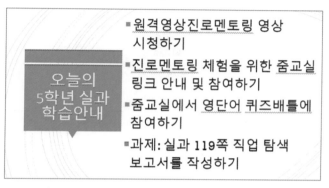

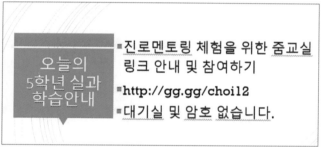

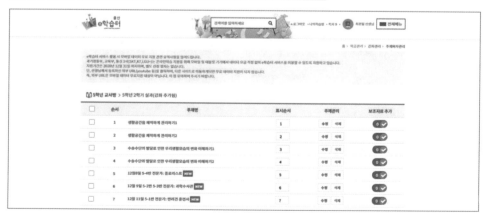

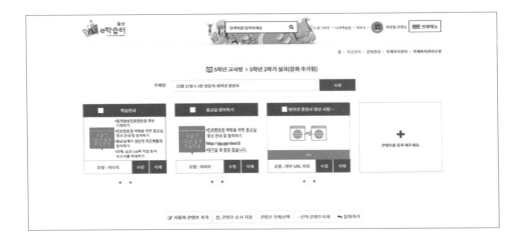

12월 8일 10시 45분에 플로리스트를 만나는 첫 수업이 시작됩니다. 수업 30분 전인 10시 15분에 [마이페이지] – [수업관리] 탭에 들어가면 [수업 입장] 버튼이 생깁니다.

[수업 입장] 버튼을 클릭하면 TOMMS 플레이어가 열립니다. 첫 화면에서 오디오/
영상 장치를 설정합니다.

줌 교실을 열고 학생들이 입장합니다. 오늘은 26명 전원이 참여했습니다.

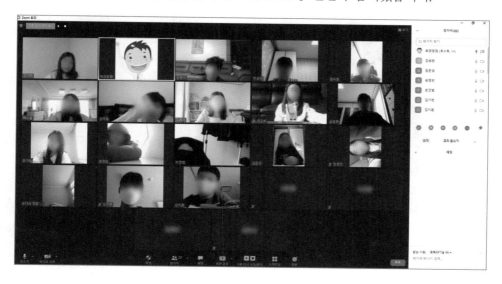

진행자가 15분 전부터 참가자들의 마이크, 영상 상태를 체크합니다. 우리 학교는 현재 원격 수업 기간이라 학생들은 줌 교실 형태로 참여한다고 말씀드렸습니다.

오늘 플로리스트 님을 만나는 시간에는 대전의 교실 수업 한 반, 울산의 원격 수업 한 반이 참여하게 되었습니다.

먼저 플로리스트가 자신의 직업을 소개해 주었습니다.

직업 소개 및 활동 영상을 본 후에 플로리스트라는 직업에 대해 궁금한 점 5가지에 대해 질문했습니다. 학생들이 질문이 있을 경우에는 줌 교실의 채팅 창을 이용하여 질문을 적어 주면 교사가 전달하는 식으로 이루어집니다. 아무래도 짧은 영상을 통한 만남 후에 바로 질문을 하기에는 어려움이 있어서 제가 마지막 질문을 하게 되었습니다.

- 저: 약간 실례되는 질문일 수도 있는데, 플로리스트 님들은 직업의 안정성 측면에서 정규직이 많은지, 아니면 프리랜서가 많은지 궁금합니다.
- 플로리스트: 플로리스트라는 직업은 개인 사업장을 갖고 운영하는 경우가 많습니다. 일거리가 그저 주어지지는 않는 편이라서 다방면으로 노력을 해야 합니다. 그런 측면에서는 프리랜서에 조금 가깝다고 생각합니다.

궁금한 것을 물어보고 호기심을 해결한 후에 정리 활동을 하였습니다. 학생들에게 플로리스트를 만난 후에 알게 된 3가지 낱말을 A4 용지나 노트에 적어 보도록 했

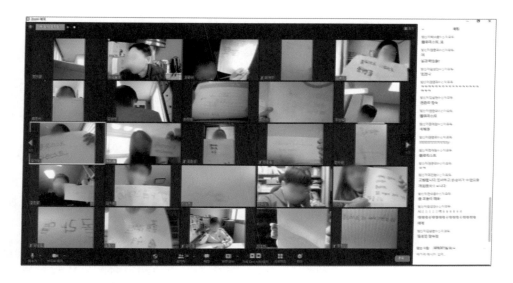

습니다. 정리 활동을 끝으로 플로리스트 진로멘토링 수업을 마쳤습니다.

📖 그림책 읽어 주기

코로나가 대유행하던 2020년 3~4월에 저학년 담임이었던 저는 학생들에게 수업 꾸러미를 배부하고 e학습터 기반의 콘텐츠+과제형의 소극적인 수업을 할 수밖에 없었습니다. 더욱이 새 학년의 첫 날부터 원격 수업이 진행되었던 상황이라 저학년 수업의 핵심 중의 핵심인 대면 및 라포 형성이 전무해서 걱정이 컸습니다. 담임과 학생이 서로 얼굴도 모르고 학년을 시작했다는 말이죠. 이런 제약 속에서 그림책은 2학년 학생들에게 가장 적합한 교육 도구라 판단했습니다. 학급 홈페이지 안내장 기능으로 줌 기반 그림책 읽어주기 활동을 안내했습니다.

일시: (원격 수업 기간 동안) 월~금요일 저녁 8:00~8:20

접속 방법: 임시개설한 학부모 오픈 채팅방을 통해 줌 링크 안내

거의 두 달 동안 학생들에게 30권 정도의 그림책을 읽어 주었습니다. 참고로 그때 읽은 그림책 목록은 다음과 같습니다.

- 최숙희의 그림책 시리즈: <괜찮아>, <너를 보면>, <하늘아이 땅아이>, <나도 나도>, <내가 정말?>, <행복한 ㄱㄴㄷ>, <커다란 알 하나>, <나랑 친구할래?>
- 애런 베커의 그림책 시리즈: <머나먼 여행>, <비밀의 문>, <끝없는 여행>, <사샤의 돌>
- 백희나의 그림책 시리즈: <어제 저녁>, <나는 개다>, <이상한 엄마>, <삐약이 엄마>, <알사탕>, <이상한 손님>, <장수탕 선녀님>, <꿈에서 맛본 똥파리>, <달 샤베트>, <구름빵>
- 에런 레이놀즈와 피터 브라운 콤비의 그림책 시리즈: 오싹오싹 팬티>, <오싹오싹 당근>
- 앤서니 브라운의 그림책 시리즈: 우리 엄마>, <축구선수 윌리>, <행복한 미술관>
- 우시쿠보 료타의 <펭귄 호텔>
- 김영진의 <아빠의 이상한 퇴근길>
- 유설화의 <슈퍼거북>, <슈퍼토끼>
- 권민조의 <할머니의 용궁 여행>

서로 얼굴도 모르던 교사와 학생들은 줌 기반 그림책 읽어 주기 활동을 통해 얼굴을 익히고 라포를 쌓아 나갔습니다. 수업꾸러미를 배부하던 금요일 오전에 처음으로 학생들을 직접 만날 수 있었습니다.

'네가 OOO이구나' 하며 학생들을 하나씩 살펴보는데 생각보다 2학년 학생들의 키가 작아 마음속으로 놀라곤 했습니다. 줌 기반 활동을 할 때는 앉아서 상체만 드러나는 경우가 대부분이니 말입니다.

실제 그림책 읽어 주기 수업을 진행할 때는 잔뜩 긴장했습니다. 저도 책을 읽어 주는 데 익숙하지 않았고, 게다가 교실은 그나마 준비가 되어 있지만 과연 가정에서 얼마나 참여할지 가늠하기가 어려웠습니다. 실제로 줌 기반 그림책 읽어 주기 수업을 진행해 보니 한 반 학생 25명 중, 첫날은 3명, 2일째 1명, 3일째 8명이 들어왔습니다. 최소 1명, 최다 18명까지 참여했습니다. 2학기가 개학하자 원격 수업임에도 불구하고 수업의 완성도를 높여 달라는 요구가 점점 늘어났습니다. 줌 기반 수업을 주 1회, 1차시 이상 진행해 달라는 요청이 있어 1학년 부장님이 과감히 하루 1시간씩 줌 기반 수업을 진행했습니다. 나중에 물어보니 줌 기반 수업에 참여하는 학생이 총 26명 중에서 12명, 돌봄교실로 출석하는 학생이 교실에 와서 앉아 있는 경우가 8명, 이런저런 이유로 불참하는 학생이 6명이었다고 합니다.

줌 기반 그림책 읽어 주기 수업 중 권민조 작가의 〈할머니의 용궁 여행〉(권민조, 천개의바람, 2020) 읽기 사례를 소개하려고 합니다. 해녀 할머니의 용궁 여행기로 해양 쓰레기 문제를 해결하고 싶은 마음을 유쾌하게 풀어 낸 그림책입니다.

2학년이 원격 수업을 하는 매일 저녁 8시에 줌 교실에 접속을 합니다. 가정에서 적극적으로 호응해 주서서 2주차부터는 평균 12명 정도 접속했습니다. 화면에 책을 펼쳐 보여 주려면 웹캠 거치대가 필요합니다. 저는 다음과 같이 거치대에 MS 스튜디오 웹캠을 장착해서 웹캠을 위에서 아래로 비춥니다. 줌 교실을 개설한 후에 그림책을 한 장씩 넘겨 가며 읽어 줍니다.

 Tip

줌 교실에서 웹캠 두 개를 사용할 때, 웹캠1이 초기값으로 인식되는데, 단축키 Alt + N 을 누르면 웹캠2로 전환됩니다.

"용왕 거북이 코에 플라스틱 빨대가 박힌 것을 까꾸리로 해결해 주는 모습을 지켜본 동물들이 줄을 서더니 자기도 아프다고 치료해 달라고 줄을 서기 시작합니다."

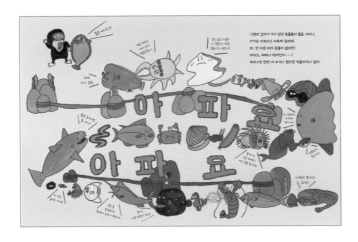

"'할매 손이 약손!' 이래 차례차례 치료해 줬지요."

"진료 중 1623 / 대기인원 999999⋯⋯⋯..9 / 예상 대기시간???(다시 태어나시오!)"

그림책을 10분 내외로 읽어 주고 나서 독후 활동을 합니다. 할머니의 용궁 여행을 보고 듣고 나서 느낌을 A4 용지에 색연필로 표현해 보게 했습니다. 짜잔 스크린샷

이 제대로 표현되었습니다.

이런 식으로 매일 밤 우리 반 학생들을 두 달 가까이 만나서 그림책을 읽어 주었고, 학습꾸러미를 다섯 차례 나누어 줄 때 면대면으로 얼굴을 익혔고, 줌 교실에서 30번 내외로 얼굴을 익혔습니다. 그 결과 두 달 만에 교실 수업을 시작해도 별 어색함 없이 라포가 형성되었습니다. 이처럼 그림책 읽어 주기는 저학년 대상 비대면 교육으로는 매우 괜찮은 수업 사례라고 자부합니다.

📖 퀴즈앤을 활용한 수업 사례

세계의 국기 외우기

2020년 원격 수업 기간 동안 퀴즈를 풀면서 공부하는 퀴즈앤 서비스를 전국의 2~6학년 선생님들께 공유하여 큰 인기를 끌었습니다. 2학년 2학기에 배우게 되는 세계의 국기 퀴즈는 나이스장 선생님이 제작해 공유했습니다. 이렇게 다른 선생님이 만들어 놓은 쇼(퀴즈앤 서비스의 퀴즈 이름을 '쇼'라고 합니다)를 이용할 수 있어 고마운 마음으로 활용하였습니다.

- 세계의 국기 1탄 아시아 편

  quizn.show/quz/play/tryPinForm.do?showSeq=1003

- 세계의 국기 2탄 아프리카 편

  quizn.show/quz/play/tryPinForm.do?showSeq=1020

- 세계의 국기 3탄 북아메리카 편

  quizn.show/quz/play/tryPinForm.do?showSeq=1067

- 세계의 국기 4탄 남아메리카 편

  quizn.show/quz/play/tryPinForm.do?showSeq=1100

- 세계의 국기 5탄 남유럽 편

  quizn.show/quz/play/tryPinForm.do?showSeq=1125

- 세계의 국기 6탄 북유럽 편

  quizn.show/quz/play/tryPinForm.do?showSeq=1208

세계의 국기 6탄 북유럽 편 쇼를 줌 기반 수업에서 진행했습니다. 줌 교실에서 [화면 공유]를 클릭합니다. 여러 화면 중에서 퀴즈앤 쇼를 띄운 크롬 화면을 선택합니다. 쇼 링크를 선택하고 후 [확인]을 클릭하면 핀 번호를 자동으로 받아 쇼가 시작됩니다.

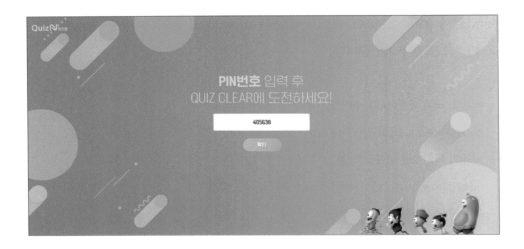

6탄 북유럽 편 정도 되면 1번 문제부터 벌써 헷갈리기 시작합니다.

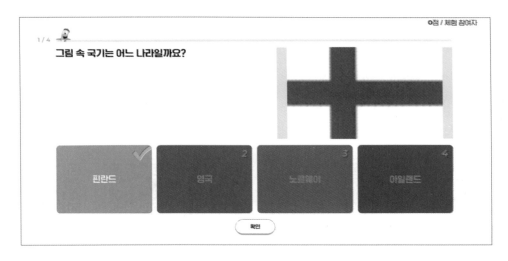

시간 안에 답을 선택하지 않거나 틀리면 만나는 오답 화면입니다.

정답을 선택했을 때 만나는 화면입니다.

문제를 다 풀고 나면 만날 수 있는 칭찬 화면입니다.

쇼의 결과를 확인하는 화면입니다.

당신은 **1위** 입니다.

[2,706점]

총 참가자 : 1명   4문제 중, 3문제 정답 / 1문제 오답

확인

교실 수업 기간 동안 충분히 연습해 둔 덕분에 줌 교실에 접속하여 원활하게 쇼를 진행할 수 있었습니다. 다만 학생이 스마트폰으로 접속하는 경우 접속이 튕기는 경우도 있으니 유선 PC로 접속하기를 권장합니다.

줌 기반 컬러링북

원격 교육 기간 중 1, 2학년 교사들에게 인기가 많았던 활동으로 컬러링북이 있었습니다. 비대면으로 컬러링북을 활용하는 줌 수업도 반응이 좋았으며, 학교 예산으로 컬러링북을 구입하여 수업꾸러미와 같이 배부하는 경우도 많았다고 합니다. 줌 기반 컬러링 활동을 위하여 종류별로 링크를 정리해 보았습니다.

- 전래동화 컬러링북 퀴즈를 풀어보아요.

  quizn.show/quz/play/tryPinForm.do?showSeq=102214
- 세계명작 컬러링북 퀴즈를 풀어보아요.

  quizn.show/quz/play/tryPinForm.do?showSeq=102483

- 공룡시대 컬러링북 퀴즈를 풀어보아요.

quizn.show/quz/play/tryPinForm.do?showSeq=103027

공룡시대 컬러링북 퀴즈를 줌 기반 수업으로 진행했습니다. 줌 교실을 개설 후에 채팅 창에 공룡시대 쇼 링크를 안내합니다. 학생들이 공룡시대 컬러링북 쇼를 클릭합니다. 시작 화면에서 [확인]을 클릭하면 핀 번호가 자동으로 부여되어 쇼가 시작되며 문제를 풀 수 있습니다.

저학년 학생들이 좋아하는 공룡시대 쇼를 무사히 잘 마쳤습니다. 원격 수업을 하는 기간에 정규 수업을 마치고 마지막에 퀴즈앤 쇼를 즐기는 시간을 가져서 학생들의 반응이 뜨거웠습니다.

보드 기능으로 학생 과제 및 의견 취합하기

퀴즈앤에서도 패들렛처럼 학생의 과제 및 의견을 취합하는 보드board를 제공하여 실과 수업에 적용해 보았습니다. 아직은 10명 접근 인원수 제한이 있어서 한 반 단위로 현장의 교사들이 사용하는 데 어려움이 있지만 배경화면이 예쁘고 보드 작성이 어렵지 않았습니다. 또한 학생들이 링크를 통해 활발하게 과제 첨부 및 의견을 탑재하고 교사 입장에서 댓글을 달아주기도 편리하였습니다.

퀴즈앤에 로그인한 후 [Board 만들기]를 선택합니다. 보드 항목별 내용을 입력합니다. 저는 5학년 실과 원격영상 진로멘토링 수업 소감을 받기 위한 내용을 입력했습니다.

보드의 유형으로 [담벼락]을 선택하고 플로리스트 수업 소감 내용을 입력합니다.

학생들에게 안내하기 위해 공개 여부를 [공개]로, 상태를 [진행중]으로 변경한 후에 [URL 복사]를 클릭해 링크를 복사합니다.

 Tip

퀴즈앤에 회원가입을 하면 한 달간 무료로 쓸 수 있습니다. 한 달 동안 혼자 풀어보기는 무제한, 실시간 Play는 250명, 미션은 2,000명, 보드는 250명까지 이용 가능합니다.

My Board 메뉴에서 내가 작성한 보드를 관리할 수 있습니다.

선생님들이 학생들의 의견 수렴 또는 수행평가를 취합하기 위해 패들렛을 많이 사용하고 있는데, 한국형 패들렛을 표방하는 퀴즈앤 보드의 기능이 점점 업데이트 되면 저렴한 비용으로 학생들의 수행평가를 학기 단위로 관리할 수 있으리라 기대 됩니다.

📖 플립그리드를 활용한 국제교류 수업

2012년 즈음에 국제교류를 하던 교사들은 스카이프를 이용해 미국, 유럽, 아시아 교실과 실시간 수업을 진행했는데 시차가 커 고민이 많았습니다. 2020년 2학기 들어 온라인 수업의 질을 높이기 위한 방안 중 하나로 플립그리드^{Flipgrid}를 이용한 국제교류 수업이 떠올랐습니다. 플립그리드는 온라인 교실을 만들어 게시물을 관리할 수 있는 교육 플랫폼 플립그리드는 비대면, 비실시간으로 국제교류 수업을 진행할 수 있습니다. 이 툴은 최근에 마이크로소프트에 인수되면서 업데이트가 더욱 안정적이고 잦아졌습니다. 플립그리드 수업사례를 의논하기 위해 국제교류 수업 경험이 있는 선생님과 줌으로 미팅을 했습니다.

플립그리드 웹사이트에 회원가입을 하고 로그인한 후에 교류할 학급을 찾고 교류 활동을 시작합니다.

〈Cultural Exchange Project〉, 〈6-1: 8단원. 어떻게 생겼는지, 무엇을 입고 있는지 묻고 답하기〉, 〈Shorts: What do you want to be?〉라는 세 가지 수업 사례를 게스트 모드로 접속해 보았습니다.

다음은 〈Cultural Exchange Project〉 링크를 접속하면 만나는 첫 화면입니다. 엔터코드를 입력하고 게스트 모드로 입장합니다.

문화 교류 수업 화면입니다. 학생들이 올려 놓은 23개의 Response Video를 살펴볼 수 있습니다. 학생들은 플립그리드 앱으로 [Record a Response]를 눌러 녹화를 하면 이렇게 플립그리드 교실에 나타납니다.

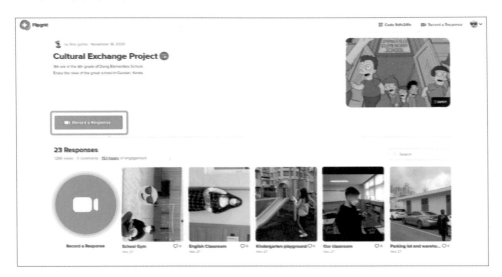

두 번째 화면입니다.

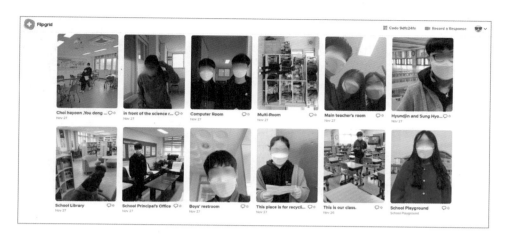

학생이 운동장을 소개하는 비디오입니다.

2020년 11월 18일부터 군산의 6학년 학급과 대만의 6학년 학급이 자기 학교의 중요한 장소를 소개하는 비디오를 녹화하여 탑재하는 방식으로 교류를 진행했습니다. 우리 학생들이 대만 교실 링크를 통해 게스트 코드로 들어가서 비디오를 올리는 방법도 있습니다. 공동의 주제 프로젝트라면 이런 방법도 허용됩니다. 학생들이 영어로 학교의 중요한 장소를 소개하는 활동을 통해 영어로 발표하는 자신감이 훨씬 향상되었을 것입니다.

다음으로 6학년 1학기 8과 영어 수업 〈6-1: 8단원. 어떻게 생겼는지, 무엇을 입고 있는지 묻고 답하기〉를 진행하는 프로젝트 교실입니다. 29개의 Response video가 올라와 있습니다.

학생이 'What does she look like?', 'What is she wearing?'이라는 두 문장으로 질문하는 비디오입니다.

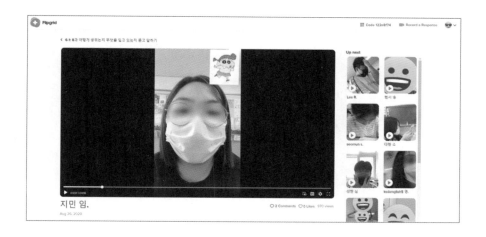

29개의 영상을 살펴보았는데 학생들이 셀카 모드로 잘 녹화했습니다. 발음이 어눌하거나 어색한 모습을 보이기도 했지만 학생 스스로 비디오를 녹화하고 업로드한 후에 재생하면서 자존감은 무척 향상되었을 것입니다.

한편 플립그리드는 숏 비디오 기능을 지원합니다. 교사가 프로젝트 설명을 할 때 유용한 기능입니다. 다음은 〈Shorts: What do you want to be?〉를 주제로 학생들이 묻고 답하는 짝 활동을 비디오로 녹화하기를 안내하는 영상입니다.

플립그리드 활용 수업 사례를 제공해 주신 이리라, 이성주 선생님께 감사드립니다. 이 책에서 소개하는 것을 계기로 플립그리드가 영어 수업뿐만 아니라 초등학교 4학년 사회 교류수업에도 많이 활용되길 바랍니다.

마치며

지금까지 실시간 화상 수업의 시작부터 수업 설계, 수업 사례 그리고 수업에서 활용할 수 있는 다양한 도구들까지 살펴보았습니다. 특별히 이 책은 실시간 화상 수업을 처음 시도하는 선생님부터 이미 익숙한 선생님들까지 활용할 수 있도록 구성하였습니다. 실시간 회의 프로그램인 줌 활용법, 화상 수업 예절, 교과별 수업 모형을 기반으로 한 수업 사례, 국내외에서 개발한 다양한 수업 도구들까지 한 권의 책으로 짧게나마 다루었습니다. 실시간 화상 수업과 관련하여 궁금한 것이 있을 때 옆에 두고 활용한다면 선생님들께 조금이나마 도움이 될 것으로 기대합니다.

이 책을 펴내기까지 수고한 강민철 편집자님과 제이펍 출판사 관계자 여러분들께 감사드립니다. 또한 이 책의 내용을 채우는 데 아낌없이 노하우를 제공한 선생님들께 감사드립니다. 선생님들이 공유한 다양한 사례 덕에 이 책이 완성될 수 있었습니다.

화상 수업은 여러 가지 수업 방법 중 하나일 뿐 교육의 본질은 변하지 않는다고 생각합니다. 언제나 학생들의 성장과 발전을 위해 고민하고 애쓰시는 모든 선생님들께 감사와 존경을 표합니다.

저자 일동

찾아보기